Welsh
Whisperer

Diolch i chi am brynu'r llyfr hwn a thrwy wneud hynny gynnig diferyn yn fwy o danwydd i gadw'r injan i redeg. Diolch i bob un sydd wedi bod yn dod i fy ngweld ac sydd wedi fy nghefnogi trwy holi am geisiadau radio a rhoi'r holl 'likes' yna ar Facebook a phethau eraill! Gobeithio eich gweld chi i gyd cyn bo hir ar ffyrdd y wlad!

Welsh Whisperer

FFYRDD Y WLAD

Argraffiad cyntaf: 2018
© Hawlfraint Welsh Whisperer ® a'r Lolfa Cyf., 2018

Cynllun y clawr: Y Lolfa
Llun y clawr: Charlie Britton

Rhif Llyfr Rhyngwladol: 978 1 78461 632 8

Dymuna'r cyhoeddwyr gydnabod cymorth ariannol
Cyngor Llyfrau Cymru

Cyhoeddwyd ac argraffwyd yng Nghymru
ar bapur o goedwigoedd cynaliadwy gan
Y Lolfa Cyf., Talybont, Ceredigion SY24 5HE
e-bost ylolfa@ylolfa.com
gwefan www.ylolfa.com
ffôn 01970 832 304
ffacs 01970 832 782

Cynnwys

Ni'n beilo nawr!

Mae'n ddeg o'r gloch y nos mewn sied fawr ac iddi lawr concrit a waliau metal. Nid gwartheg, defaid, moch na ieir sydd i lawr ar y gwellt heno ond *punters* cefn gwlad. Mae'r goleuadau yn fflachio (gwifren lac siŵr o fod), a does dim angen un o'r ffans mawr 'na ar flaen y llwyfan i chwythu gwallt y *backing singers* 'nôl yn bert achos mae drafft uffernol 'ma. Does dim angen bar go iawn, na thrwydded gwerthu cwrw, (neu oes 'na? Sai'n siŵr), dim ond bwrdd o'r neuadd bentref agosaf a digon o ganiau lager a chwerw i ail-greu Llyn Tegid yn Llanboidy (os nad ydyn nhw'n yfed y cwbwl gyntaf). Na, nid Hollywood na Las Vegas mohono, ond yn ddigon agos. Croeso i fy mywyd i ar y rhewl ac ar daith trwy'r sin Cymru & Western ar ei gorau*.

*a gwaethaf.

Bydd y llyfr hwn yn darlunio codiad y Welsh Whisperer ac yn dangos mor galed ond pleserus mae pethau yn gallu bod wrth deithio i bentrefi a threfi bach a mawr ar hyd a lled Cymru. Bydd hefyd straeon a hanesion am fy anturiaethau ym mhob cwr o'r wlad, ac fe fydd yn ddathliad o un o'r pethau gorau sydd gennym ni yma yng Nghymru, pobol wyllt a gwallgof*.

*Sai'n ddoctor ond ma rhai pobol off eu pennau, yn enwedig yn Sarn Mellteyrn, Alltyblaca, Tre-lech a llawer mwy (wela i chi yn cwrt, neu jêl).

Welsh Whisperer
Hydref 2018

Yr unig ddyn yng Nghymru sy'n gwisgo bresys moch a dal acordion ar yr un pryd?
Llun: Charlie Britton

Y dyn o Gwmfelin Mynach

I rannu ychydig o gefndir fy hanes fel cyfuniad o Daniel O'Donnell, Julio Iglesias a Dafydd Iwan mewn un, mae'n rhaid mynd yn ôl i 2013 pan wnaeth dyn o'r enw Gruff Meredydd, sy'n rhedeg label cerddoriaeth Tarw Du (eironig wrth ystyried beth oedd i ddod) gysylltu ar ôl gweld llun ohona i yn pwyso yn erbyn giât yn fy mhentref genedigol, sef Cwmfelin Mynach, Sir Gaerfyrddin, a gweld y potensial yn syth (pwy fyddai ddim?!).

Yn y llun ro'n i'n gwisgo siwmper wlanog frown (a hen ffasiwn i rai), cap stabal a phâr o welingtons. Mae sawl un wedi gweld lluniau tebyg ohona i a gofyn pam ar y ddaear o'n i'n cerdded o gwmpas cefn gwlad wedi fy ngwisgo fel ffarmwr o'r 70au? (Neu heddiw yng Nghlunderwen) ond y gwir yw dwi wastad wedi lico dillad mwy traddodiadol achos maen nhw'n gwneud y job yn iawn! Dyw defnydd y rhan fwyaf o ddillad dyddiau 'ma ddim yn ddigon trwchus i'w defnyddio fel clwtyn cegin hyd oed! Pwy fyddai'n dychmygu y byddai cylchgrawn *Golwg* yn codi'r ffôn mewn blynyddoedd i ddod, yn gofyn a fydden nhw'n cael gwneud eitem dwy dudalen ar ffasiwn cefn gwlad – gyda finnau yn seren?

Ro'n i wedi bod yn potsian gyda'r syniad o sgrifennu caneuon fel bach o hwyl ers sbel. Mae'r diolch am yr enw 'Welsh Whisperer' yn mynd i foi o Sheffield o'r enw David Ryder oedd hefyd wedi gweld y llun a meddwl fy mod i'n edrych fel '*crooner*, seren bop a *creep* o'r 70au'.

Yn y dechrau yn enwedig, roedd llawer o bobol yn gofyn pwy o'n i a phwy oedd fy rhieni i. Ges i lot o hwyl yn gweld yr olwg ddryslyd ar eu hwynebau wrth iddyn nhw syweddoli

Y math o luniau o'n i'n arfer eu tynnu heb sylweddoli fy mod i'n edrych fel seren bop o'r 70au.

Cwmni Shwl Di Mwl yn gwneud yn siŵr fod PAWB yn gwybod pwy sydd wedi cyrraedd!

Tybed os ydy hwn ar agor ar fore Sul?

'mod i ddim yn eisteddfodwr brwd nac yn perthyn i rywun
o'r byd teledu neu radio, ac mae hynny'n dal i roi pleser i mi
a dweud y gwir! A bod yn onest, do'n i ddim wedi dangos
llawer o ddiddordeb mewn canu na pherfformio fel plentyn,
heblaw am gymryd rhan mewn sioeau Nadolig yr ysgol Sul
gyda Rhoswen Llywelyn & co (ac maen nhw'n dweud fy
mod i'n swil ofnadwy pryd hynny, felly mae pobol yn ffaelu
deall beth sydd wedi digwydd erbyn heddiw!) Ychwanegwch
ambell ymddangosiad mewn parti bechgyn (er mwyn cael
prynhawn bant o Ysgol Bro Myrddin yng Nghaerfyrddin
i fynd i Rydaman neu lle bynnag) ac mae fy CV hyd at
enedigaeth y Welsh Whisperer yn gyflawn.

Roedd tyfu lan yng Nghwmfelin Mynach yn wych i fi,
cael rhyddid i grwydro i lle bynnag a gwneud beth bynnag
o'n i mo'yn, ac roedd yr 'addysg' yn Ysgol Cwm-bach yn,
wel, yn ddiddorol! Bydd unrhyw un sy'n darllen hwn oedd
wedi mynd i'r ysgol honno (sydd bellach wedi cau fel
llawer o ysgolion bach y wlad), yn gwybod am beth dwi'n
sôn! Dyma'r ysgol fwyaf llac erioed, ac mae'r athrawon
wedi ymddeol nawr felly fydd neb mewn trwbwl gyda'r
cyngor os ddweda i hynny'n gyhoeddus. Fe ddysgais i'r
bêsics e.e. darllen a sgrifennu ond roedd y gweddill lan

i ni mewn ffordd, gweithio ar gyflymder ein hunain a chael lot o sbort. Dim ond fi ac un plentyn arall o'r enw Hedd Hughes Gage (ni dal yn ffrindiau mawr) oedd ym mlwyddyn 6 ac felly, wrth gwrs, roedd y mabolgampau yn gystadleuol! Dwi'n cofio pan fyddai pêl-droed yn mynd i'r afon Sien gyferbyn y bydden ni'n dringo dros y wal ac yn dilyn taith y dŵr nes i ni ddod o hyd iddi, doedd dim ots pa mor bell oedd hi wedi mynd! Fydden ni'n trio gwrando mas am y gloch hen ffasiwn yn y pellter ac yna'n mynd 'nôl i'r ysgol gan obeithio ei bod hi dal yn amser chwarae – neu ddim yn hanner awr wedi tri eto! Mae rhywun yn byw yn yr ysgol nawr, ond os ydych chi eisiau gweld sut le oedd hi jyst ewch i amgueddfa ysgol oes Fictoria, achos doedd dim llawer o wahaniaeth o gwbwl. Dw i wedi gorfod stopio disgrifio fy nyddiau ysgol gynradd i blant heddiw achos dwi'n drysu eu syniad nhw o hanes ac amser – maen nhw'n meddwl 'mod i'n perthyn i oes Fictoria!

O ddechrau sgrifennu caneuon fel y Welsh Whisperer i recordio fy CD cyntaf, fe ddigwyddodd pethau'n eithaf cyflym. Daeth y cynnig i recordio CD 10 trac yn 2014 ac roedd y llwybr cerddorol yn amlwg i mi o'r dechrau: sgrifennu caneuon am y pethau sy'n pwysig i bobol cefn gwlad fel cwrw, cig, caru a bara brith. Aeth 'Plannu Hedyn Cariad' i'r siopau ac i flwch post Geraint Lloyd & co.

Roedd 2014 yn flwyddyn bwysig i'r codiad oherwydd dyma'r flwyddyn lle welwyd y *tweeds*, y cap stabal, y caneuon unigryw am stolau godro a blew go lew am y tro cyntaf (meddai fi). O'r adeg hyn, mae gweddill fy hanes hyd at heddiw yn dipyn o antur, felly darllenwch ymlaen i glywed am ymddangosiadau teledu o sawl math, y cyfresi cyflwyno ar Radio Cymru, y gigs bach a mawr ar hyd a lled y wlad, yr angen am *bodyguard* yn Eisteddfod yr Urdd, yr Eisteddfod Genedlaethol a'r Sioe Frenhinol, am blant ac oedolion (sydd i fod i wybod yn well) yn gwisgo lan fel

CDs 'Plannu Hedyn Cariad' wedi cyrraedd.

fi, am ryddhau tri CD, gan gynnwys un sydd wedi arwain pobol i feddwl fy mod i'n gyrru lori Mansel Davies ac mai *inside job* neu ryw fath o *publicity stunt* gan y cwmni loris yw un o fy hoff ganeuon! Dwi hefyd wedi gorfod delio â phobol yn cael *asthma attacks* pan dwi'n cerdded mewn i'r stafell* a nawr dwi wedi sgrifennu llyfr.

*Sai'n ddoctor ond doedd dim llawer o siâp arni tan iddi cael *sit down* bach, ond roedd popeth yn iawn wedyn.

Diolch i bob *punter* a'i gi sydd wedi gweld gwerth yn fy nghynnyrch, diolch i Gruff Tarw Du am danio injan y Welsh Whisperer am y tro cyntaf a diolch i Richard a Wyn o gwmni recordio Fflach am roi digon o jiws piws yn y tanc ymhellach i lawr y trac.

Fi a'r brodyr Jones, Richard a Wyn o gwmni recordio Fflach.

Yr arwyr a'r top dogs

Dafydd Iwan

Dafydd Iwan, neu D.I. fel y'n ni'n ei alw fe yn y busnes,
yw un o'r artistiaid Cymraeg cyntaf i mi fwynhau ei
gerddoriaeth am y dychan a'r tynnu coes, yn ogystal â'r
neges wladgarol. Dafydd Iwan yw'r artist cyntaf i mi
ddarganfod y gellid ei ddisgrifio fel 'rebel rouser', fel y
byddai'r Gwyddelod yn ei ddweud. Ar ôl clywed caneuon
fel 'Carlo', 'Baled yr Eneth Eithafol', 'Bod yn Rhydd',
'Cwyngan y Sais', 'Mr Tomos, Os Gwelwch yn Dda' a
'Paentio'r Byd yn Wyrdd', ymysg llawer iawn o rai eraill,
ro'n i'n gwybod bod rhaid i mi gyfarfod â'r lej 'ma. A dyna

Fi a'r brenin Dafydd Iwan cefn llwyfan.

wnes i adeg recordio'r rhaglen *Noson Lawen* yn Llambed yn 2014.

Mae'r gân 'Paentio'r Byd yn Wyrdd' yn fy atgoffa i o stori a glywais gan ddyn da o'r enw Roy Llywelyn o Gwmfelin Mynach am noson yn neuadd y farchnad, Llanboidy yn y 60 neu'r 70au (neu'r 80au hyd yn oed – do'n i ddim yna, ch'wel). D.I. oedd yn canu ar y noson, ac roedd y lle yn llawn – pob un o ddarllenwyr *Y Cardi Bach*, yn saff i chi, a mwy. Ar ôl ychydig, fe ddechreuodd pobol boeni a oedd y dyn ei hun yn mynd i ddod o gwbwl, a doedd dim ffordd i'r trefnwyr gysylltu â fe oherwydd roedd hyn cyn oes y ffôn symudol a 4G yn Llanboidy (i ddod erbyn 2020). O'r diwedd daeth D.I. mewn trwy'r drws ochr a rhuthro i'r llwyfan gyda'i gitâr, gan sefyll o flaen y dorf ac ymddiheuro am yr oedi. 'Sori pawb, o'n i methu gweld yr arwyddion o gwmpas Llanboidy o gwbwl,' meddai, cyn i rywun weiddi o'r cefn, 'Jiw, jiw, Dafydd, ti yw'r un sy wedi'u tynnu nhw i lawr i gyd, achan!' Gwd bei!

Tecwyn Ifan

Mae cysylltiad diddorol rhyngdda i a Tecwyn Ifan (na, dyw e ddim yn dad i mi er y tebygrwydd amlwg) ond pan o'n i'n blentyn, yn byw yng nghysgod capel Ramoth, Cwmfelin Mynach, Tecs oedd y pregethwr! Dwi'n cofio gweld ei gaséts e (hen CDs i bobol o dan 20 oed) a'i CDs (hen mp3s i blant heddiw) o gwmpas y tŷ ond wnes i erioed feddwl amdano fel canwr enwog dros Gymru i gyd. O'n i'n meddwl mai rhyw *special editions* oedd y casgliadau 'ma a bod neb ymhellach na Sanclêr wedi clywed am Tecwyn Ifan (Sori, Tecwyn Ifan). Roedd hi 'bytu 2008 erbyn i mi sylweddoli mor adnabyddus oedd y dyn ei hun, (bach yn hwyr dwi'n cyfadde) a hynny ar ôl gweld rhaglen ar S4C am ei fand 'Ac Eraill' yn y 70au. Unwaith i mi weld Tecs a'i wallt hir a'i 'tash fel brwsh llawr, yn smocio ac yn yfed wisgi yn syth o'r botel, o'n i'n gwybod

Yr arglwydd
Tecwyn Ifan.

Tecwyn y ci
bach brown!

bod angen i mi a) tyfu mwstásh b) yfed wisgi yn syth o'r
botel a c) dechrau canu. Dyma oedd y dechrau a'r sbardun
i fynd ati i greu rhyw fath o adloniant i'r Cymry, ac hefyd i
geisio rhoi ffordd o fyw cefn gwlad Cymru ar y map. Bellach
mae fy nghi bach wedi cael ei enwi ar ôl yr arwr yma, ond
gyda'r holl flew yn y lluniau (ar y chwith), mae'n anodd
gweld pa un yw'r canwr a pha un yw'r ci.

Seamus Moore

Dyma chi ddyn sydd ddim yn adnabyddus iawn yng
Nghymru ond sydd wedi blasu llwyddiant mawr yng
nghymunedau cefn gwlad Iwerddon gyda'i ganeuon doniol
am fywyd yn y pridd a'r baw. Clywais am Seamus Moore
gan ffrind o'r enw John Farrell o ardal Portmarnock, Co.
Dublin. Fe soniodd i'w frawd fynd i'r coleg yn Cork a bod
pawb draw fynna yn canu eu fersiwn nhw o'r gân 'My Little
Honda 50'.

My Little Honda 50
Tuohy, Thomas Andrew ©Bardis Music Co Ltd

I bought her in the Buy and Sell in 1992,
A travellin' man in a caravan said 'This is the bike for you'.
He was lookin' for a hundred, I gave him thirty two,
Took her for a spin out the Kinnegad Road and begod she
    feckin' flew.

My little Honda 50, she's rapid and she's nifty,
She'll get you away from the guards any day.
Oh my little Honda 50, hit the nitro and she'll shifft me,
She'll do 150 on a windy day!

Mae cerddoriaeth canu gwlad a gwerin hwylus, tafod yn
y boch Seamus Moore am fywyd cefn gwlad, peiriannau, y
tir a thafarndai, sy'n atgoffa'r gwrandawyr o'u gwreiddiau,
wedi gwerthu degau o filoedd o recordiau yn Iwerddon. Mae

Fi a dyn y JCB, Seamus Moore, yn yr Auld Lammas Fair, Ballycastle, Co. Antrim, Iwerddon yn 2017.

wedi bod yn darparu adloniant da i *punters* cefn gwlad ers dros 30 mlynedd, felly ddechreuais i feddwl, pam ddim yng Nghymru? Cwestiwn dwi'n parhau i'w ofyn a'i ateb ar yr un pryd, gobeithio. Lwc owt fydd hi, 'te!

Richie Kavanagh

Mae'n siŵr mai brenin comedi cerddorol Iwerddon yw Richie Kavanagh sydd wedi cael degau o *hits* dros y blynyddoedd, gan gynnwys 'How to Milk a Cow', 'Chicken Talk', 'I Love The Smell of Silage' a 'My Girlfriend's Pussy Cat' i enwi dim ond rhai… Ydych, chi'n dechrau deall hiwmor Richie a finnau. Mae'n artist arall sydd wedi amlygu'r ffaith bod eisiau agwedd 'ffwrdd â hi' yn y gêm yma, weithiau y syniadau symlaf yw'r rhai gorau! Mae wedi llwyddo i sgrifennu caneuon syml, doniol iawn ac yn bwysicach, perthnasol i

Dyn rhif 1 ar sin comedi canu gwlad Iwerddon, Richie Kavanagh.
Llun: © Richie Kavanagh

gynulleidfaoedd cefn gwlad. Hefyd mae'n werth nodi enw ei label recordio: 'Focal records'! Mae wastad yn beth da i gael *bad boy* ar y sin ac yn 1996 cafodd un o'i ganeuon mwyaf llwyddiannus 'Aon Focal Eile' ei wahardd o orsafoedd radio a theledu'r BBC cyn i Richie allu dweud, 'Oh well, they're good for Focal anyways'. Fflat owt, pal! Yn llythyrennol, ystyr 'aon focal eile' yn Saesneg yw 'any other word', ond wrth gwrs mae'r gair 'focal' yn awgrymu rhywbeth arall hefyd!

Dw i eisiau 'rhoi bloedd' hefyd i un o ddeuawdau canu gwlad mwyaf poblogaidd Cymru, Dylan a Neil (neu fel maen nhw'n cael eu hadnabod yn Lloegr, Dilan and Neil). Neil oedd un o'r bobl gyntaf ym myd cerddoriaeth Gymraeg i mi ei holi am setio fy hun i fyny fel canwr, a thrafod beth fyddai angen arna i o ran offer sain er mwyn gallu perfformio'n fyw. Doedd dim clem 'da fi a, chwarae teg, daeth y ddau draw i ddweud 'helô' mewn gig yn Llanfairpwll. O'n i'n eistedd wrth

19

y bar yn gwrando ar ganu gwlad Cymraeg byw am y tro cyntaf, dwi'n meddwl. O'n nhw wedi clywed amdana i, ond do'n i ddim wedi dechrau gigio'n iawn eto. (Bellach rydyn ni wedi rhannu llwyfannau yn y Gogledd ac yn ffrindiau da hefyd.) Wrth gario bocs trwm i gefn y treilyr soniodd Dylan, 'dyma'r darn anodd, nid y canu' ac mae'r geiriau yn fy mhen yn aml pan fyddai'n shiffto system sain trwm neu focseidi o CDs (a llyfrau nawr... damo), yn ôl a 'mlaen i'r bŵt.

Mae'n rhaid sôn am Dewi Pws hefyd, neu Ricky Hoyw fel yr oedd yn cael ei adnabod ar y gyfres *Torri Gwynt* yn y 90au. Ar ôl gweld blew yr hen Dew o'n i'n gwybod mai canu â fy motymau top ar agor o'n i eisiau ei wneud. Ac edrychwch arna i nawr, dwi wedi llenwi dwy dudalen yng nghylchgrawn *Golwg*!

Diwrnod araf ym myd newyddion Cymru wrth i gylchgrawn *Golw*g gyhoeddi poster dwy dudalen ar ffasiwn y Welsh Whisperer!
Llun: *Golwg*

i yn Nyffryn Ogwen yng
eynedd.
Mae lot o bobol ddim
gwybod hyn," meddai'r
hadwr yn tanio un
straeon sylrdanol,
d roedd Tecwyn Ifan
bregethu yn y capel
Cwmfelin Mynach am
ydde'.
A dyna lle weles i Tecwyn
i am y tro cyntaf. Doeddwn
im yn gwybod fod e'n
ing...
Tua deng mlynedd wedyn
es i ryw raglen ar S4C lle'r
d Tecwyn Ifan yn yfed wisgi
noco ffags, ac roedd gyda
arf a gwallt hir ac roeddwn i'n
ddwl fod e'n *brilliant.*
Ac roeddwn i'n gwybod wedyn ei
l yn amser i mi ymuno â'r Sîn Roc
nraeg.
Dw i wrth fy modd gyda Tecwyn
a ac mae'n un o'r bobol sydd wedi
rydoli fy mwstash.
Ac hefyd, roeddwn i eisiau cân o'r
e 'Y Dyn o Gwmfelin Mynach' er
yn i bobol feddwl amdana i fel y
awn Cymraeg o Y Dyn o Delmonte.'

ATE BLOOMER'
f buwch sydd i'w chlywed ar
schrau 'Cân yr Hambon'.
Ond ar 'Y Cymro Olaf' mae'r
budwr yn mentro i fyd mwy seriws
leidyddiaeth iaith ac yn canu am
uru Rydd a difrwfd arwyddion
aith Saesneg.
Godfather y Sîn Gymraeg yw'r
rydoliaeth.
'Roeddwn i wedi dechrau
rando ar tiwns Dafydd Iwan ewpwl
ynydde' nôl – roeddwn i'n *late
comer*," eglura'r Welsh Whisperer.
'Rhai o'i tiwns amgen e pan wnaeth
oldfiau *box set* 25jn o tiwns fel 'Yr
eth Eithafol' a pethe felly am ryw
ched yn mynd rownd yn malu seins
ethe."
Un y flwyddyn newydd mi fydd y
dsh Whisperer yn cael ei sioe ei hun
Radio Cymru rhwng chwech a saith
nos Wener, ac mae'n parhau i wneud
lot *drivetime* rhwng pump a saith ar
ân FM ar nos Iau.

Un garw ar y
naw ydy'r Welsh
Whisperer gyda'i
ganeuon am
gneifio, beilo a
thiclo ...

Mae'r gân "Lle
roedd pawb w
ein hatgoffa
yn y 1990au o
Doedd yr ague
wedi sylwi ar
sy'n dylanwa
ond y peth o
oedd yr ochr
y gân yn sicr

Pwy ydy ael
Mae gan baw
credu fod un

Mae un o ga
ôl yr Americ
tannau ar br
genI. Sut wr
Roeddwn i'r
gwyliais i woedd
math o betrg

Roedd lyn
Adair neu a
felly pende

Pan mae ffonau Dafydd Iwan, Bryn Fôn a Tecwyn Ifan bant mae *Golwg* yn ffonio fi!

Llun: *Golwg*

Pan o'n i'n *hit* mawr yng nghylchgrawn *GQ*.

Yn y dechreuad

Y gân gyntaf sgrifennais i erioed oedd un o'r enw 'Mucky Maid' ('Y Ffedog â'r Pyrm' yn Gymraeg) ac fe luniais i hon ar y gitâr mewn tua 25 munud (amlwg i rai efallai). Yn y gân mae boi sydd wedi symud o Gymru eisiau dod 'nôl i fachu merch gefn gwlad draddodiadol ac enjoio'r holl ddrygioni sy'n bosib yn sgil hynny e.e. rolio yn y gwair, taflu baw dros ei gilydd, yfed yn y sied ayb, ac mae delwedd y ferch yn dod o weld yr holl fenwod sydd dal mas 'na sy'n trin eu gwalltiau mewn steil pyrm – onest nawr! – ac yn gwisgo ffedog yn ddelfrydol. A finnau'n teimlo ar y pryd bod sgrifennu caneuon doniol yn hawdd, es i ati i sgrifennu mwy, gan roi geiriau Cymraeg ar alawon traddodiadol o'r Iwerddon, Yr Alban, America, a Chymru wrth gwrs. Dyma'r dechreuad mewn gwirionedd oherwydd unwaith wnes i ddarganfod bod miloedd ar filoedd o alawon ar gael i mi, roedd lot o betrol i gadw fy injan syniadau i fynd, a sdim stop ar y pwmp ers hynny.

Y Ffedog a'r Pyrm
Cyhoeddiadau Tarw Du (2014)

Mi es i ffwrdd o'r lle 'ma, bant ymhell o wlad y gân,
Esgus o'n i'n teimlo'n iawn, ond fy nghalon i oedd ar dân.
Dwi'n cofio'r amser braf o'r blaen yn chwarae yn y beudy,
Tithau'n gofyn caniatâd, a finnau'n dweud, 'fe gei di'.

A lle rwyt ti 'di bod?
Mae hyn i fod, dwi'n seinio'r clod –
Dy ffedog binc, dy wallt yn berm,
Dere ata i, y ferch sy'n gweithio'r fferm!

Atgofion braf o'r noson haf yn cysgu ger yr afon
Yn trafod y pethau pwysig fel pa dractor sydd o safon
Mae'r merched 'ma yn gwisgo perlau yn ofn o'r gwynt a'r glaw
Dwi angen ferch o Gymru fach sy'n gallu taflu'r baw.

Fy nghariad, yr ysgariad,
Ewn ni am dro ar draws y fro.
Ti eisiau dod â fi nawr, paid â gwadu,
Wnewn ni gwrdd ar y bryn, paid â dweud wrth Dadi.
Dere'da fi y ferch sy'n gweithio'r fferm!

Dwi'n yfed sudd y barlys, bant am hwyl a sbri,
Meddwi'n hwyr i mewn i'r nos, meddwl amdanat ti.
Ar ôl amser maith mi wnes i'r daith fel y boi awyddus ydwyf
'Nôl i weld fy nghariad glân a dathlu yn yr hen blwyf.

Roedd y noson yn hudolus ond dwi dal yn deimlo'n drist
Wrth feddwl am y geiriau wnest ti sibrwd mewn i 'nghlust.
'Dwi 'di cymryd swydd yn y dref – dwi'n gadael cefn gwlad'…
'A dwi'n mynd i dorri'r perm'.
Newyddion da o'r stori 'ma, mae'i chwaer hi'n gweithio'r
     fferm!

Tybed a wela i hi fyth eto?

24

Cafodd y gân ymateb digon da. Doedd dim llawer yn gwybod amdana i ar y pryd ond, chwarae teg, fe wnaeth Huw Stephens ei chwarae hi ar C2 Radio Cymru, neu beth bynnag oedd enw'r rhaglen ar y pryd. Sai'n meddwl bod lot o bobol yn gallu gweithio mas ai jôc oedd hi neu gân ddifrifol. Cyn iddi gael ei rhyddhau, fe wnes i ei chynnig hi fel *Cân i Gymru* (neu fel mae sawl un yn ei ddweud bellach, *Cân i Gaernarfon* neu *Cân i Gachu*), ond doedd y beirniaid ddim yn ei hoffi. Lwcus efallai, achos dyddiau yma mae mynd ar *Cân i Gymru* fel cael dy bledru gyda hen ffrwythau, ond via Twitter. Dwi'n eithaf lico'r syniad o gyfansoddi cân ddifrifol, araf a diflas, cael slot ar y rhaglen ond wedyn perfformio rhywbeth gwbwl wahanol ar y noson. Fel mae'r Sais yn dweud, 'never say never!'.

Unwaith i mi benderfynu fy mod i am botsian gyda'r gêm berfformio, roedd hi'n amlwg mai 'haslo' pobol am gigs oedd yr unig ffordd 'mlaen. Ar y pryd, do'n i ddim yn nabod neb oedd yn trefnu pethau, na llawer o neb o fewn y byd radio a theledu Cymraeg er mwyn eu holi nhw am

Lle gwell i ganu na mewn sied?

gymorth. Cafodd y Welsh Whisperer ei lwyfan cyntaf ym mhentref Blaen-waun, ychydig yn uwch na Chwmfelin Mynach ar y ffin rhwng Sir Gâr a Sir Benfro, neu'r ffordd arall rownd yn dibynnu 'da pwy chi'n siarad. Noson 'Parti yn y Parc' oedd hi: pabell fawr, bar yn y cefn a'r cwrw yn llifo. Roedd y *punters* wedi dod yn lli, ac roedd tua 200 yna ar y noson i gefnogi Lenny Dee, y comedïwr mochedd ei dafod o Gaerfyrddin, a finnau. Roedd rhywun wedi dod â CD 'Now 26' i'w chwarae ar y noson, neu rywbeth tebyg, ond slipais i un o albyms Gwerinos i mewn i'r peiriant er mwyn creu naws mwy gwledig, ac o'r ffordd roedd rhai yn yfed ac yn symud yn y cefn ddweden i ei fod e wedi gweithio 'fyd. Roedd perfformio o flaen cynulleidfa fel honno am y tro cyntaf yn teimlo fel gwneud teirawr yn Wembley ond, na, roedd y realiti yn debycach i 20 munud mewn cae, ar ben bocs pren ar fenthyg o neuadd Llanwinio.

Daeth cyfle i berfformio yn y gogledd am y tro cyntaf erioed tua wythnos ar ôl hynny ar un o lwyfannau Gŵyl Arall yng Nghaernarfon. Ro'n i wedi cytuno i ganu am tua 30 munud oherwydd dim ond tua chwe cân oedd gyda fi, (nid Maths oedd fy mhwnc gorau yn Ysgol Cwm-bach): tair yn Saesneg, tair yn Gymraeg ac un ohonyn nhw'n deyrnged i Ynys Môn (Y Caribî Cymreig). Nawr 'te, fe ddysgais yn gyflym iawn y diwrnod hwnnw bod pawb yng Nghaernarfon yn siarad Cymraeg (a dwi'n meddwl pawb) a doedd y dorf yma ddim eisiau clywed caneuon Saesneg. Dysgais i hefyd fod rhai o'r Cofis dre hyn ddim yn rhy hoff o Ynys Môn am ryw reswm a, jôc neu beidio, ces fy heclo am y tro cyntaf. Daeth yr hecl gorau ar ôl i'r trefnwyr ofyn i mi wneud ail set i lenwi bwlch yn yr amserlen yn hwyrach 'mlaen. Er i mi egluro bod dim rhagor o ganeuon i gael 'da fi, ro'n nhw dal yn awyddus i mi berfformio. Felly, fe gamais ar y llwyfan am yr eildro, gan ymddiheuro i unrhyw un oedd wedi bod yna trwy'r prynhawn, achos un set oedd 'da fi. Ar hynny dyma foi moel heb grys yn llowcian o gan Castlemaine XXXX yn gweiddi, 'Oeddach chdi'n shit y tro cynta!'

Mae angen croen trwchus yn y gêm yma weithiau ond a bod yn onest, sdim ots 'da fi beth mae pobol yn ei feddwl. Os ydy rhywbeth yn mynd ar eu nerfau nhw mae croeso iddyn switso bant neu gerdded mas neu beth bynnag. Chwarae teg i'r boi am ddweud ei ddweud yn lle esgus bod yn neis jyst er mwyn cwrteisi!

Ges i nifer o gyfleoedd da yn ystod fy mlwyddyn gyntaf ar y ffordd. Ar ôl ebostio a ffonio o gwmpas yn cynnig fy hun fel perfformiwr mewn gigs bach a mawr gwelais neges ar Facebook yn dweud bod Gŵyl Gopr yn Amlwch yn chwilio am act i chwarae ar yr ail lwyfan yn ystod y prynhawn. Os nad ydych chi wedi clywed am yr ŵyl hon wel, mae'n anferth! Mae'r prif lwyfan fel rhywbeth fyddech chi'n ei weld yn yr Eisteddfod Genedlaethol ac fel arfer mae tua 600–800 o bobol yn mwynhau'r gerddoriaeth a'r awyrgylch am ddim ym Mhorth Amlwch. Felly, fe yrrais i gwpwl o ganeuon o'n i wedi eu recordio yn y stafell wely atyn nhw ac o'n i'n falch iawn pan glywais i 'mod i wedi cael slot. Arwel o gwmni sain Mad Sounds oedd yn trefnu, a bellach dwi'n ei nabod yn dda. Doedd yr ail lwyfan ddim cweit cystal â'r prif lwyfan. O'n i'n canu o flaen rhyw ffens fetal gyda baneri'r noddwyr i gyd ar ei hyd, ond roedd lot yno'n gwylio a dechreuais i sylweddoli bod mwy o bobol yn mwynhau'r stwff 'ma nag o'n i'n ei ddisgwyl!

Ges i strocen o lwc wedyn. Roedd si o gwmpas y lle bod Yws Gwynedd, oedd i fod yn perfformio ar y prif lwyfan, yn hwyr ar y ffordd 'nôl o Iwerddon ar fferi. (Wedi bod ar stag oedd e, felly o'n i'n geso ei fod e'n styc ar y toilet yn rhywle). Ar ben hynny roedd Elin Fflur wedi gorfod canu set ychydig yn fyrrach nag arfer. Beth bynnag, fe welais gyfle euraidd i gael siot o dan y goleuadau mawr!

Tweeds a'r cap stabal, iwnifform y dyddiau cynnar.

Mae'r canu 'ma'n waith sychedig, yn dyw e?

Erbyn hyn roedd hi tua wyth o'r gloch a'r lle yn eithaf llawn. Dyma fy nghynulleidfa fwyaf erioed (ar y pryd) – a hynny o bell ffordd. Roedd siŵr o fod torf o tua 300–400 o bobol yno. Cyn mynd ymlaen daeth Vaughan Evans, sylfaenwr Môn FM, ata i i fy atgoffa eu bod yn darlledu'n fyw a bod angen cadw pethau'n lân. Dim ond caneuon am odro, tethau a rolio yn y gwair oedd 'da fi! Roedd rhaid i mi chwerthin a dweud wrth Vaughan i beidio â phoeni, 'Gad e 'da fi,' meddais i. Sai'n credu oedd e'n deall fy acen, ac o'n i yn *full kit* y Welsh Whisperer cofiwch, felly dwi'n siŵr ei fod e wedi drysu'n lân!

Un peth dwi'n cofio'n iawn yw canu fy nghân deyrnged i Ynys Môn, 'Y Caribî Cymreig' a gweld John Williams yn setio lan ar ochr y llwyfan ac yn trio gweithio allan beth ar y ddaear oedd yn digwydd! (Dysgais wedyn taw fe oedd pianydd Bryn Fôn, John ac Alun, Wil Tân a llawer mwy.) Boi gyda mwstásh, wedi gwisgo fel ffarmwr, yn canu fersiwn Gymraeg o gân Peter Andre 'Mysterious Girl' mewn acen De Orllewin, a phobol Môn yn joio fe! Un peth sy'n sicr, aeth hi lawr yn well fynna nag yng Nghaernarfon.

Dyw pob profiad ddim yn fêl i gyd. Un o'r gigs anoddaf hyd heddiw oedd yr un yn Neuadd Ogwen, Bethesda, yng Ngwynedd gyda Tudur Owen a Hywel Pitts. Roedd y noson wedi gwerthu allan a dros 250 o seddi'n llawn, ond dyma lle ddysgais i wers bwysig am hiwmor. Ydy, mae hiwmor gwahanol ardaloedd o Gymru yn hollol wahanol! Roedd caneuon 18+ Hywel fel 'Dogio yn Dinas Dinlle' wedi mynd i lawr yn wych, a Tudur Owen yn codi'r to fel arfer. Rhowch e fel hyn, hwnna oedd y tro olaf i mi daflu bloc o gaws at rywun yn y rhes flaen, a fflicio darnau o ham o gwmpas y lle. Doedd dim sbarc yn y plŷg y noson honno! Dwi'n cofio gweld cannoedd o wynebau yn edrych arna i'n synn a dim un wên yn unman! Fel mae'r Sais yn ei ddweud 'tough crowd'! Ond fe ddysgais i fod angen addasu ar gyfer gwahanol siocau mewn gwahanol ardaloedd ac mae'n rhywbeth dwi'n trio ei wneud hyd heddiw, er mor anodd yw hynny a finnau'n gwybod bod yna bobol o bob oed yn fy stalkio i o gwmpas y wlad! Mae'r cydbwysedd o adnewyddu'r deunydd ond cadw'r ffefrynnau yn y set yn

Arwr amaethwyr Cymru a Dai Llanilar yn stiwdio Môn FM yn Llangefni, Ynys Môn.

Tynnu llun gyda phinafal ar fynydd Parys ger Amlwch, Ynys Môn. Pam ddim?

Llun: Charlie Britton

Na, ond mae fy CDs i!

rhan bwysig o gadw diddordeb dwi'n teimlo.

Profais yn y flwyddyn gyntaf honno y byddai'n rhaid dod i arfer â chanu i gynulleidfaoedd cymysg o ran eu dealltwriaeth o'r Gymraeg a'r Saesneg. Fel mae rhai'n ei ddweud yn aml, 'ni'n byw mewn gwlad tships a reis, felly mae angen cofio'r ½ and ½'! Mae'n fy atgoffa i o rywbeth welais i ar Instagram: llun ohona i'n perfformio yn y Full Moon, Caerdydd a'r neges hon, 'Went to see Holy Moly and the Crackers but ended up watching this f****** head case!' Mae'r gallu i blesio cynulleidfa gymysg heb orfod cyfieithu, ac yn bendant heb ddweud popeth ddwywaith, yn bwysig i mi hyd at heddiw. Noson o hwyl yn Gymraeg ydy hi, gydag ambell gân neu ddarn o Saesneg yng nghanol y cwbwl efallai. Os nad ydy pobol yn hoffi hynny maen nhw'n gwybod yn iawn lle mae'r drws! (Dim *refunds*).

The Butcher's Daughter
Cyhoeddiadau Tarw Du (2014)

The girl behind the counter caught my eye,
She was sweeter than her daddy's porc pei.
On the weekend she cuts up meat,
She really is the perfect treat.

And I wonder if she thinks of me
When I'm in there shopping for my tea;
I really hope she serves me first
Because I feel like my heart is going to burst!

It's the butcher's daughter for me
But I know that her daddy won't agree.
The meat she serves is fresh from the slaughter,
She's the finest girl in town,
She's the butcher's daughter!

She stands there sizing up a rump
As my heart begins to thump.
Because I love her with a sausage in her hand,
But will she ever understand?

I thought 'I'm going to have to tell her how I feel',
She needs to know this love is real,
So I went in there with something to say
And you'll never believe what happened that day.

Nid merch y bwtsiwr mohoni, ond yn hytrach ffan wedi fy nal mewn coedwig yn Sir Gâr.

The pork and apple burgers hit the floor
As she seductively begged me for more.
We made love on the counter that day
And I thanked the lord that her daddy was away.

She told me that I was her sweet prince
As we rolled around in the mince.

Yn ystod Eisteddfod Genedlaethol Llanelli, 2014 ces gig gan Gymdeithas yr Iaith gyda Brython Shag a Mr Huw, yn nhafarn y Kilkenny Cat, a chwarae teg i Cymdeithas am fod yn un o'r rhai cyntaf i gynnig slot i mi yn yr Eisteddfod. Yn amlwg o'r enw, tafarn Wyddelig yw'r Kilkenny Cat a dywedodd un o'r perchnogion ar ddiwedd fy set, oedd yn cynnwys addasiadau Cymraeg o ganeuon fel 'Whiskey in the Jar' a 'Paddy McGinty's Goat', 'I didn't really understand it, but I really liked it!'.

Profiad arall yn Llanelli oedd perfformio mewn noson cabaret yn Theatr Ffwrnes. Hwnna oedd y tro cyntaf i mi gael stafell newid go iawn a goleuadau o gwmpas y drych (cefn sied neu hen garafán i mi fel arfer). Ond do'n i ddim yn disgwyl rhannu llwyfan gyda *belly dancers*, eu *nipple tassles* fel pâr o gyrtens bach, na gorfod ymuno â'r perfformwyr eraill i gyd ar y diwedd er mwyn canu 'Don't Stop Believing'. Mwy fel 'Don't Stop Me Leaving' os chi'n gofyn i fi.

Un o'r sbardunau mwyaf yn y cyfnod cynnar hwn

GIGS
STEDDFOD
LLANELLI
2014
CYMDEITHAS YR IAITH

0027

Brython Shag
Mr Huw, Welsh Whisperer

Iau 7 Awst : 7.00pm : £7.00
Kilkenny Cat, Llanelli

cymdeithas.org/steddfod | 01970 624501 |
post@cymdeithas.org | t: @gigscymdeithas | f: /cymdeithas

www.printmytickets.co.uk

Pan wyt ti'n gweld dy enw ar docyn am y tro cyntaf!

Erioed wedi cael 'sash Huw Fash' chwaith. Dyma fi'n modelu'r ffasiwn ddiweddaraf yn Llanberis, Gwynedd.

Ydy e'n iawn i chwarae dy ganeuon dy hun ar y jiwcbocs?

oedd penwythnos Gŵyl Nôl a Mlân yn Llangrannog, Ceredigion. Mae Clive Edwards, neu 'Cattlegrid Clive' fel dwi'n ei alw fe yn dweud wrtha i hyd heddiw mai ar ôl un o'r penwthnosau yma roedd 'PAWB' yn siarad am y Welsh Whisperer! Os nad ydych yn gyfarwydd â'r ŵyl mae'n werth mynd yno am y cwrw, y gerddoriaeth, a'r tships wrth gwrs. Mae Ceredigion yn dal i fod yn dipyn o gadarnle o ran denu cynulleidfaoedd cryf ac mae'n rhaid diolch i Pob a gweddill trefnwyr yr ŵyl am roi cyfle i mi yn y dyddiau cynnar. Pob hefyd awgrymodd y dylen i fod yn codi mwy na £50 am berfformio: dwi wedi cymryd ei gyngor ond sai'n gyrru Porsche eto!

Dwi'n cofio noson Gŵyl Dewi yn nhafarn Y Llong yn Llangrannog, ac mewn ffordd roedd hwn yn drobwynt i mi achos nid yn unig oedd pobol wedi dod i fy ngweld i yn benodol (doedd neb arall yn perfformio), roedd hi'n amlwg fod pawb wedi mwynhau... wedi mwynhau cymaint ges i'r alwad am 'fwy' am y tro cyntaf! Dwi'n cofio bod yn barod i ganu ambell gân Saesneg fel 'The Farmer's Finger' neu 'Flash Your Lights at Me', ond doedd dim diddordeb 'da'r gynulleidfa. A dweud y gwir roedd y 'NA' yn eithaf bygythiol! Felly sai'n meddwl fydda i'n canu yn Saesneg yn Llangrannog fyth eto!

Codiad y Welsh Whisperer

Ar ôl mwy a mwy o gigio, ychydig o sylw ar y radio ac ambell beth ar y teledu ces alwad ffôn gan ddyn o'n i wedi clywed amdano ond erioed wedi ei gyfarfod, sef Richard Jones o gwmni recordio Fflach a'r band enwog Ail Symudiad. Fe ofynnodd Richard os o'n i eisiau recordio CD ar label Fflach (ie, CD go iawn mewn cas plastig *film wrapped*)! 'Odw, glei' oedd yr ateb, wrth gwrs, a chwarae teg i Richard a Fflach am fod yn fodlon cydweithio gyda Gruff o Tarw Du. Mae'n rhyfedd sut mae pethau fel hyn yn digwydd. Dw i'n cofio Marci G o Radio Cymru yn sôn yn ddiweddarach bod Fflach wedi ei ffonio i ofyn pwy oedd yn boblogaidd ar y radio, a diolch i Dduw fy enw i ddaeth mas o'i geg!

Roedd recordio albym mewn stiwdio broffesiynol fel stiwdio Fflach yn Abertieifi yn brofiad a hanner i fachan o Gwmfelin Mynach. Do'n i erioed wedi gweithio gyda band llawn o'r blaen chwaith a diolch i gyfuniad o dalent

cerddorol, gweledigaeth wallgof a Bryan yr Organ, fe ddechreuodd bethau siapio'n ddigon sydyn. Dwi'n cofio mynd i'r stwidio yn gwybod pa fath o gerddoriaeth ro'n i eisiau ar y diwedd:

Clawr 'Y Dyn o Gwmfelin Mynach' sydd wedi shiffto miloedd yng Nghymru a thu hwnt!

canu gwlad gyda naws werinol gref a lot o ganeuon am
hiwmor cefn gwlad i bobol cefn gwlad. Ro'n i wedi bod yn
gwrando ar lot o hen ganeuon gwlad o'r 90au lle roedd
llawer o'r traciau wedi eu recordio ar allweddell neu yn
swnio felly, ta beth. Ro'n i am anelu at safon recordiau
canu gwlad Gwyddelig, fel traciau Seamus Moore, Derek
Ryan, Lisa McHugh a Mike Denver ayb (siriys o dda, ac yng
ngeiriau Hugo Duncan, cyflwynydd prynhawniau ar BBC
Radio Ulster a Foyle, pan gwrddais i â fe yn yr Irish Country
Music Awards yn Armagh yn 2016, 'It's really keeping up
with the Nashville stuff there now'), gyda sŵn gwerinol cryf
yn y mics.

Mae Lee Mason yn chwarae gitâr yn broffesiynol gyda
Lowri Evans, yn teithio trwy wledydd Brydain ac wedi
teithio America. Roedd cael rhywun oedd wedi chwarae'n
fyw ar BBC Radio 2 hefyd yn mynd i fod yn eithaf handi.
Nid yn unig oedd Lee yn gallu cyfansoddi'r *licks* a'r *fills*
ar gyfer y prosiect hwn (i wneud i bethau swno'n dda),
mae'n ffan canu gwlad erioed, felly roedd pethau'n dod
yn naturiol iawn iddo. Nawr 'te, cymysgwch hynny gyda
Bryan yr Organ, sydd yn wirioneddol off ei ben, ond yn
athrylith ar yr acordion, ac roedd hi'n amlwg bod hwn yn
mynd i fod yn 'gwd thing'! Hefyd yn cydweithio i greu'r
albwm 'Y Dyn o Gwmfelin Mynach' oedd Osian Jones,
sy'n bobydd i gwmni Crwst yn Aberteifi (amldalentog
yn amlwg ac yn fab i Richard Fflach digwydd bod), Wyn
Jones hefyd o Fflach ac Ail Symudiad, Reuben Wilsdon
Amos a chafwyd sgiliau cymysgu a remixo Jake Hollyfield
ar gyfer ein fersiwn arbennig o 'Ceidwad y Goleudy', sef
'Ceidwad y Beudy' (a diolch i Emyr Huws Jones a chwmni
Sain am roi caniatâd).

Gyda llaw, daeth teitl yr albwm ar ôl cryn grafu pen a
phendroni. Doedd 'Ta Ta John ac Alun' ddim yn mynd i fynd
lawr yn dda, na 'Lwc Owt Dafydd Iwan' chwaith, yn enwedig

Un o'r adegau prin yna yn y stiwdio gyda Bryan yr Organ lle doedd neb yn chwerthin!

Recordio gyda'r Hambon band yn stiwdio Fflach, Aberteifi.

'Ta-ta John ac Alun', fy anrheg i dafarn yr Iorwerth, Bryngwran, Ynys Môn ar ôl noson arbennig. Mae John ac Alun wedi gweld y llun yn addurno'r dafarn erbyn hyn… wps!

ar ôl iddo fe fod mor garedig â rhoi lifft i mi yn ei gar crand o'r gogledd i'r de. (Wna'i egluro wedyn!) Ddigwyddais i weld hen hysbyseb sudd oren 'Del Monte' gyda 'The man from Del Monte' ar YouTube, ac yna ces syniad – y fi fyddai 'Y Dyn o Gwmfelin Mynach'!

Deg trac oedd ar y CD, gan gynnwys 'Cân yr Hambon', 'Shiffto Trwy'r Prynhawn', 'Y Dyn o Gwmfelin Mynach', 'Classifieds y Farmer's Guardian', 'Ticlo ei Ffansi', 'Clic, Clywch y Cneifiwr', 'Ceidwad y Beudy', 'Y Cymro Olaf', 'Ni'n Beilo Nawr' a 'Loris Mansel Davies'. Ond dim pawb sy'n gwybod y gyfrinach y tu ôl i un o'r traciau. Tua wythnos cyn dyddiad gorffen y traciau i gyd er mwyn eu gyrru bant i'w rhoi ar CDs mewn amser i gyrraedd y siopau cyn Nadolig, ces alwad ffôn gan Richard Jones yn holi am drac #9, sef '5 & Drive'. Roedd e eisiau gwybod a oedd y gân hon yn clodfori yfed a gyrru, achos os felly, na fyddai Fflach na Tarw Du yn ei rhyddhau. Yr un peth â 'Ni'n Beilo Nawr' oedd yr alaw, ond bod y cytgan yn debyg i hyn:

Dwi ar y rhewl, dwi ar y rhewl,
O! Dwi'n gwneud y 5 & drive ar y rhewl,
Wedi canu am oriau mawr,
Rwy'n sychedig fel y diawl,
Rwy'n gwneud y 5 & drive ar y rhewl.

Nawr 'te, dwi ddim yn meddwl bod yfed a gyrru yn syniad da o gwbwl, ond ar y pryd ro'n i'n meddwl y byddai e'n iawn i gynnwys cân am rywbeth oedd yn digwydd weithiau, yn enwedig o fewn cymunedau cefn gwlad. Ond ni ddaeth y gân yma i fod (diolch i Dduw... a diolch i Richard Fflach a Gruff Tarw Du), felly peidiwch â gofyn i mi ganu hon fyth. Yn ffodus iawn i mi ddaeth 'Ni'n Beilo Nawr' o'r gân hon, diolch i un dyn tu allan i westy Llanina yn Llanarth, Ceredigion. Ro'n i wedi bod yn rhannu llwyfan gyda John ac Alun a Dafydd Pantrod a'i fand, y lle yn llawn a digon o ddawnsio trwy'r nos. Ar ôl fy set es i tu fas am ychydig o awyr iach, ac fe gynigiodd rhywun sigarét tobaco i mi. Sai'n smygu ond fe ddaeth y cynnig mewn ffordd unigryw iawn do'n i erioed wedi'i glywed o'r blaen, a dwi heb ei glywed ers hynny chwaith.

> 'Ti moyn mwgyn?'
> (a gofyn a o'n i'n gallu rolio sigaréts fy hun)
> 'Ti'n gallu beilo?'
> (lapio tobaco mewn papur fel mae rhywun yn lapio gwair mewn plastig!)

Weithiau mae rhywbeth yn mynd 'PING' yn fy mhen, a dyna ddigwyddodd tu allan i'r Llanina y noson honno. Es i'n syth 'nôl i'r stiwdio i recordio 'Ni'n Beilo Nawr' sydd wedi cael ei chwarae mewn tractors o Sanclêr i Seland Newydd erbyn hyn. Llawer mwy poblogaidd na fyddai '5 & Drive' dwi'n siŵr o hynny!

Ni'n Beilo Nawr
Tarw Du/Fflach (2015)

Pan fydd y tanc yn llawn
Wrth shiffto trwy'r prynhawn,
Mae angen rhywbeth bach i gadw fynd.
Ym mhob pentref yn y sir, wrth weithio ar y tir
Mae pawb yn canu'r gân 'Ni'n beilo nawr'.

Ni'n beilo nawr! Ni'n beilo nawr!
O mae bois y wlad i gyd yn beilo nawr.
Mae'r contractor wedi dod,
Diolch i dduw am Baler cord,
Mae bois y wlad i gyd yn beilo nawr.

Ni'n lapio yn y wrap
I orffen gweithio wap,
Yn stacio ar y flatbed llond i'r top,
Traed lawr ar y llawr, 70 milltir yr awr,
Cyn mynd i ffwrdd am sesiwn tanco mawr.

Pan ddaw'r tywydd braf
Ar ddiwrnod poeth yr haf
Mae'n tops off yn y tractors dros y wlad.
Mae'r miwsic tecno wedi mynd, a'r dubstep yn y bin,
Mae Cymru 'nôl ar dân dros ganu gwlad.

Yn 2016, ro'n i'n barod i hyrwyddo'r CDs. Yn debyg
iawn i Owain Glyndŵr a Dafydd Iwan wrth iddyn nhw
gynllunio sut i orchfygu'r wlad, mae'n rhaid meddwl yn
ofalus lle fydd angen mynd fel rhan o'r ymgyrch farchnata
er mwyn cael yr effaith fwyaf. A beth bynnag yw eich barn
am 'ffansi ffortiwn', mae rhaglen *Heno* ar S4C yn un o'r
platfforms gorau. Wrth rhyddhau recordiau a ffilmiau yn
y byd adloniant mawr Saesneg/Americanaidd mae'r sêr
yn gwneud *sofa circuit*. Digon hawdd yw rhoi tic mawr yn
y bocs hwnnw yng Nghymru gydag un weithred – trwy
eistedd ar soffa felen *Heno* yn stiwdios Tinopolis yn
Llanelli, Sir Gâr. Ro'n i wedi cael tipyn o sylw wrth fynd ar
Noson Lawen yn Llambed a chanu 'Edrych am Gymraes' ac
wrth wneud cyfweliadau byr gydag Ifan Evans a Geraint

Diolch i Dduw am…
Llun: Charlie Britton

Mae'r sticeri car bellach fel *rash* ar hyd y wlad ac wedi cyrraedd mor bell ag Awstralia, America, Sweden a Saron.

Lloyd ar Radio Cymru, ond ro'n i'n dal i deimlo bod angen mynd cam ymhellach er mwyn cyrraedd cynulleidfa ehangach.

Trwy lwc, daeth galwad ffôn gan ddyn o'r enw Alun Horan o gwmni teledi Tinopolis yn gofyn a fyddai gyda fi ddiddordeb mewn ymddangos ar *Heno* a gorffen y rhaglen trwy ganu cân o'r CD newydd. Penderfynais ganu 'Loris Mansel Davies', a hynny am y tro cyntaf yn gyhoeddus (heblaw am un tro pan driais i ei chanu hi yn Hotel a Motel Nant-y-Ffin yn Llandysilio, Sir Benfro ac anghofio'r geiriau hanner ffordd trwy'r gân! Y noson honno, dywedodd Clive Edwards y byddai Kaye Mansel, y perchennog, yn rhoi llun ohona i ar fwrdd darts cyn bo hir!).

Ar ôl i mi ganu'r gân ar *Heno* o flaen *montage* o loris hen a newydd y Mans, es i'n syth 'nôl ar y rhewl lan i'r gogledd i fy gig bach nesaf. Yn yr un modd ag y bydda i byth yn yfed a gyrru, dwi ddim yn tsieco Facebook a gyrru chwaith, ond roedd y ffôn yn bîpian fel popty ping yn cael malffyncsion! Stopiais y car o gwmpas Blaenau Ffestiniog er mwyn gwagio'r peips (yn anffodus doedd dim toiledau ar agor adeg hynny o'r noson). Ro'n i'n ffaelu credu'r peth. Roedd y fideo ar Facebook wedi cyrraedd 50,000 o *views* yn barod! Tomenni o bobol yn tagio eu ffrindiau a rhannu'r fideo.

Bellach, mae'r fideo wedi cael ei gweld ymhell dros 100,000 o weithiau ar draws y byd, ac mae'r niferoedd yn dal i dyfu!

Dyna oedd y foment allweddol i'r Welsh Whisperer. Mewn un perfformiad roedd cynulleidfa newydd yn fy nilyn ar Facebook a Twitter (ond chwarae teg i'r rheini oedd yna yn y lle cyntaf hefyd!). Fel rhywun o bentref nid nepell o Lanfyrnach yn y bôn, do'n i heb cweit sylweddoli faint o bobol ar hyd a lled Cymru oedd yn gwybod am loris coch a llwyd Mansel Davies. Ond mae'n debyg bod bron i bob un sydd wedi gyrru i unrhyw le ar hyd y wlad wedi bod yn sownd tu ôl i un neu ddwy ohonyn nhw!

Loris Mansel Davies
Tarw Du/Fflach (2015)

Ym mhentre bach Llanfyrnach, yn dweud ffarwél i'r lloer,
'Overalls' amdanaf ar fore digon oer.
Teithio yw fy mywyd, yn feunyddiol tan yr hwyr,
Llwytho, tipio, halio, yn dal i losgi'r cwyr.

Fy swydd yw gyrru loris, nid Stobart yw fy nuw
Ond dyn o'r enw Mansel – coch a llwyd yw fy lliw.
Rwy'n gallu bod ymhobman, rhywsut ar yr un pryd
Yn slofi pawb mewn traffic ym mhentrefi bach y byd!

Fe gei di refio'r injan, a fflashio'r golau 'mlân,
Cwyno, codi dwylo, fel ti'n neud da'r carafán.
Myfi yw'r brenin ar y rhewl, gei di ganu'r corn di-ri;
Rwy'n lori Mansel Davies a does neb yn pasio fi!

Ie, fi yw'r Mansel Davies, 30 milltir yr awr,
Rwy'n rhedeg injan diesel ond wna'i byth rhoi 'nhroed i lawr.
Rwy'n talu *roadtax* dwywaith am y chwith ac am y dde
Ond mae'n well gennai jyst aros yn y canol yn lle!

Mae rhai yn gweiddi enwau, yn sgrechian trwy'r windscrîn,
Yn galw arnai dynnu mewn, mae'r plant yn mynd yn flin.
Mae fe rhwngtho fi a'r ffarmwr, ni yw'r gwaethaf ar y trac,
Ond mae bois y wlad mewn slo-mo felly paid â bod yn grac!

Mae pawb wedi clywed f'enw i yn syth ar ôl rhyw reg
Ar ddiwedd pob un tafod, ond dyw'r geiriau ddim yn deg.
Mae'r job 'ma yn un bwysig, cario llwythi i bob man
Ac ypsetio hen dwristiaid blin mewn *'touring camper vans'*.

Rwy'n sdicio at y gyfraith, bydda'i byth yn mynd rhy gloi.
Rwy'n un o fois y loris, ar y ffordd i faes y sioe.
Rwy'n helpu Heddlu Cymru, a holl traffic cops y byd
i gadw *speedos* pawb i lawr – yn isel o hyd!

Cap i bob Cymro!

O'n i'n gweithio i Mansel Davies wedi'r cwbl?

Canu 'Loris Mansel Davies' ar noson wyllt yn sioe Llanddarog, Sir Gaerfyrddin yn 2017.

Bois y blew yn Eisteddfod Genedlaethol y Fenni.

CYSTADLEUAETH!
CYFLE I ENNILL CD NEWYDD
Y WELSH WHISPERER!

Am gyfle i ennill copi o'i CD newydd
llawn hiwmor a chanu gwlad
'Y Dyn o Gwmfelin Mynach'
atebwch y cwestiwn anodd yma;

TARW DU 🐂

Sawl aelod sydd yn y ddeuawd
canu gwlad 'Dylan a Neil'?

Mae eisiau herio cynulleidfa, yn does e?

Ar y bocs

Un o fy mhrofiadau cyntaf yn perfformio ar y teledu, (ymhell cyn canu am y Mans ar *Heno*), oedd adeg recordio rhaglen y *Noson Lawen* yn Llambed yn 2014. Pan ges i'r alwad ffôn gan y cwmni teledu a chynnig i ganu ar lwyfan y noson lawen, wel, jiw, ro'n i wedi gwirioni (tan i mi glywed bod y rhaglen yn cael ei ffilmio mewn canolfan hamdden). Ar y bil ar yr un noson oedd neb llai na Dafydd Iwan a Meinir Gwilym! Cyn y cynnig ro'n i'n dychmygu fy hun yn canu ar y bêls, neu o leiaf yng nghanol y bêls – dim fel 'difa' ar garped coch, dim ond fi a'r gwellt... ond, na. Cyn i mi orffen y frawddeg yn gofyn am fêls o flaen llaw ces wybod mai dim ond un bêl oedd hawl 'da fi ei gael... y byddai'n rhaid i'r bêl hwnnw allu gwrthsefyll tân... a fi fyddai'n gorfod ei ffeindio fe... Fel fyddai'r Sais yn ei ddweud 'like a needle in a haystack!'.

Dysgais i gwpwl o bethau pwysig am y byd adloniant yng Nghymru y diwrnod hwnnw:

- Pan mae criw teledu yn dweud 'Call time 10:30' mae hynny'n golygu bod ar y llwyfan yn barod i ymarfer amser hynny, nid yn cyrraedd y maes parcio, gan beri bod yr act nesaf, (neb llai na Dafydd Iwan), yn hwyr i'w ymarferion camera.
- Mae brechdan wy a iogwrt yn *high end*.

Fe gwrddais â Dafydd Iwan am y tro cyntaf ychydig cyn y diwrnod hwn, mewn gig yn neuadd y Felinheli lle roedd e'n perfformio gyda'i fand ym mis Mawrth 2014, cyn ffilmio'r *Noson Lawen*. Hon hefyd oedd y noson gyntaf i mi fynd allan gyda fy nghariad, Angharad. (A beth well am *first date* na gig D.I.?) Dim ond dweud 'shw mae' a gofyn am lun wnes i

Mae talu rhywun i gribo'ch mwstásh chi werth pob ceiniog yn fy marn i.

Fy mhartner annwyl, Angharad, a finnau yn cyfarfod Dafydd Iwan ar ein dêt cyntaf yn y Felinheli, Gwynedd. (Dêt fi ac Angharad nid Fi a D.I.)

ar y noson hon, ond yn rhyfedd iawn daeth cyfle ymhellach i lawr y lein i ddod i nabod Dafydd Iwan llawer gwell.

Mae Angharad yn dod o bentref Llanberis, yng Ngwynedd, ac mae hwnna'n rhywbeth arall sy'n drysu rhai pobol. Maen nhw'n disgwyl clywed bod fy wejen i'n dod o'r gorllewin, a sdim byd yn bod ar hynny, ond mae dyn wastad eisiau rhywbeth bach mwy egsotig na beth mae e wedi arfer ag e, yn dyw e? Dwi'n ffeindio fe'n ddoniol ond bach yn rhwystredig i feddwl faint o bobol o'r de sy'n gwybod nesaf peth at ddim am y gogledd, a'r ffordd arall rownd wrth gwrs. Sai'n disgwyl i bawb nabod Cwmfelin Mynach ond i rai yn y gogledd mae unrhyw beth o dan Aberystwyth yn cyfri fel Caerdydd! Yn yr un modd dwi wedi dod ar draws sawl un o'r de fyddai ffaelu ffeindio Porthmadog neu Landudno ar fap o Gymru chwaith. Felly pan fydda i'n canu i'r plant mewn ysgol dwi'n gwneud yn siŵr 'mod i'n cael y Google Maps mas ar *full screen*, achan/ynde!

Dwi heb ofyn i Angharad fy mhriodi i eto ac efallai fyddai hi'n dweud 'na', achos i fod yn deg iddi, pan gwrddon ni doedd yr holl beth Welsh Whisperer 'ma yn ddim byd mwy na bach o botsian yn y garej weithiau. Ond nawr dwi wedi troi mewn i gyfuniad o Ronald McDonald a Bon Jovi ar daith trwy'r flwyddyn ac felly mae'n rhaid i mi ddiolch iddi am ei hamynedd! P.S. neb i ofyn iddi cyn fi, diolch.

Misoedd ar ôl y gig yn Neuadd Goffa y Felinheli, a minnau yn ddim mwy na *selfie* arall yng nghatalog Dafydd Iwan, gwelais hysbyseb yn *Y Cardi*

> He came out unharmed
> after a 90-minute standoff.
>
> # FOUL LANGUAGE
>
> VILLAGE football team Felinheli won a best match programme award but the North Wales club's trophy was engraved "Fekinheli".

Wel, y Felinheli!

Does dim angen peiriant amser i fynd i Nashville 1975 tra bod Motel Nantyffin yn dal i fynd!

Bach (fy mhapur bro lleol) yn dweud bod y dyn ei hun
yn chwarae mewn gig yng Nghaffi Beca, Efail-wen yn Sir
Gaerfyrddin. Ro'n i yn y gogledd ar y pryd ond yn ystyried
mynd, gan fy mod i ac Angharad wedi mwynhau'r noson
ddiwethaf mas draw. Wrth bendroni a oedd Efail-wen braidd
yn bell i fynd i weld un gig fe ddigwyddais siarad â Roy a
Rhoswen Llywelyn. Mae'r cymeriadau hoffus iawn hyn wedi
bod ynghlwm â bron pob elfen o fywyd pentref Cwmfelin
Mynach ers cyn fy mod i mewn clwtyn! Mae eu gwaith caled
hefyd yn cynnwys trefnu erthyglau a chynnwys *Y Cardi Bach*
(law yn llaw â phobol dda eraill yn yr ardal) a gan fy mod i'n
cyfrannu colofn i'r papur weithiau ro'n ni'n ffonio'n gilydd
yn eithaf cyson ar y pryd, a dyma sut aeth un sgwrs:

> 'Dwi'n meddwl dod lawr i'r noson yn Efail-wen gyda Dafydd
>   Iwan…'
> 'O 'na fe, bydd hi'n noson dda, ma pawb yn edrych 'mlaen.'
> 'Ond sai'n siŵr eto, falle bod e bach yn bell i ddod dim ond
>   am un gig.'
> 'Wel, gofynna i Dafydd am lifft.'
> 'Beth? Ond sai'n nabod e, dim ond unwaith dwi wedi cwrdd
>   â fe a bydd e ddim yn cofio fi!'
> 'Na, na, gofynna am lifft, byddi di'n iawn.'

Dyma fi felly yn eistedd yn fy stafell wely yn cymharu
ystyried cysylltu â Dafydd Iwan i ofyn am lifft i lawr o'r
gogledd i'r de gyda tweetio Bruce Springsteen i holi am le ar
y *tour bus* ar hyd Route 66!

Wrth bori ar ei wefan ffeindiais gyswllt ebost ac ar ôl
siot o wisgi es i ati i gyfansoddi neges yn gofyn am lifft
o'r gogledd orllewin i Efail-wen, ac yn cynnig £20 o arian
petrol! Roedd Rhoswen a Roy yn iawn ac fe gynigiodd
Dafydd lifft i ni'n dau o'r tŷ yng Nghaeathro ('Holywood
hills' Caernarfon!) Cawsom sgwrs ddigon difyr ar y ffordd,
am gerddoriaeth Gymraeg, hanes y diwydiant yng Nghymru

Yr ystyr yn wahanol ym meddyliau rhai darllenwyr siŵr o fod!

a sut ddechreuodd D.I. 'nôl yn y 60au. Yn ddiddorol, wrth ddweud y stori yma mae sawl un wedi gofyn i mi beth oedd yn y chwaraewr CD y diwrnod hwnnw? Goreuon Dafydd Iwan? Y Bandana? Queen? Mae'n sioc i bobol ddeall mai'r CD y diwrnod hwnnw oedd 'Songland – a collection of English songs by some of Wales' favourite singers'! Byddai ffeindio CD Saesneg yng nghar D.I. tua 1000/1 yn y bwcis!

Roedd y gig yng Nghaffi Beca yn un digon anffurfiol, Dafydd Iwan yn canu ac yn adrodd straeon ac Euros Evans yn chwarae'r piano. Ro'n i'n gallu dychmygu fy hun yn gwneud rhywbeth tebyg (a gwahanol iawn ar yr un pryd!), ond dyma noson fach arall lle fuais i'n meddwl y byddwn i'n gallu cynnal noson fy hun yn rhywle rhyw ddydd. Cafodd y gân 'Carlo' argraff arbennig arna i. Er bod y cyfnod hwnnw wedi mynd a dod, ro'n i'n hoffi'r ffaith i D.I. gymryd y *piss* mas o'r Tywysog tra bod yna oedolion parchus yn chwerthin

52

a mwynhau! Ro'n i'n dychmygu cyfleoedd i mi gael hwyl – ac i annog y gynulleidfa i godi dyrnau yn yr awyr dros Gymru ar yr un pryd.

Y bore wedyn, ar ôl gwylio Dafydd yn pregethu yng nghapel Ramoth, (fel mae'r Sais yn dweud, 'two birds, one stone') daeth yr amser i deithio 'nôl i'r gogledd. Yn anffodus ro'n i wedi bod yn potsian gyda botymau cymhleth seddi trydanol y Volvo ac roedd fy set i yn y blaen yn styc fel bo fy mhen ar y windsgrin! Yr unig ddewis oedd ymlusgo oddi yno, y tu allan i dŷ Wyn a Meirwen Evans yng Nghwmfelin Mynach, ac eistedd yn y cefn. Felly sgwrsio trwy'r drych oedd hanes y daith honno, a Dafydd yn ein rhybuddio 'dim canŵdlan yn y cefn nawr!'.

IT HAPPENED ON THIS DAY

1230: Much-disliked Marcher Lord William de Braose (Gwilym Ddu) was hanged by Prince Llywelyn the Great after being caught in the Prince's bedchamber with Llywelyn's wife Joan.

1519: Leonardo da Vinci, Italian artist and man of science, died at the Chateau Cloux near Amboise.

1670:

Mae'r Cymry yn rhai mawr am ganŵdlan erioed!

53

Lasagne gyda Meinir Gwilym a stiffrwydd y *Noson Lawen*!

Dyma oedd y tro cyntaf i mi berfformio o flaen camerâu a chynulleidfa ffurfiol ar set theatr y *Noson Lawen* felly ro'n i'n eithaf nerfus, ond yn edrych ymlaen yn fawr at berfformio'r gân 'Edrych am Gymraes'. Mae ambell un wedi ceisio cywiro'r teitl yna i 'Chwilio am Gymraes', gan gynnwys ambell gyflwynydd radio, ond 'Edrych am Gymraes' yw enw'r trac! Hwnna oedd e pan gafodd y gân ei sgrifennu ac felly dyna ni! Dwi'n cofio gweld traed Dafydd Iwan yn symud gyda'r alaw yn ystod yr ymarfer camera.

'Mae honna'n alaw fachog iawn, dwi'n hoffi honna, eith honna yn bell.'

'Diolch, "Whiskey in the jar" yw'r alaw!'

Atgoffodd hynny Dafydd o'r cyfnod pan ddaeth ei gân 'Esgair Llyn' allan, sef ei fersiwn e o'r anthem Wyddelig boblogaidd 'Fields of Athenry'. Dywedodd e:

'Dwi'n cofio ffrind yn dod 'nôl o gêm Cymru yn Nulyn ar ôl penwythnos o yfed a dweud "Dafydd, wnei di byth gredu hyn, roedd pawb yn Iwerddon yn canu dy gân di! Ond gyda geiriau gwahanol!"'

Rhwng yr ymarferion, ces sgyrsiau diddorol iawn gyda Meinir Gwilym a Bryn, ei phartner a'i rheolwr. Roedd e'n gweld potensial mewn canu gwlad gydag hiwmor yn Gymraeg, ac fe wnaeth e gynnig syniadau ar gyfer pob mathau o *PR stunts* er mwyn cael sylw i'r Welsh Whisperer, a dyma oedd y gorau o bell ffordd:

'Ti'n gwybod lle mae Tommo yn darlledu yn stiwdio BBC

Mae peint pob tro'n blasu'n well pan mae e am ddim!

Caerfyrddin (ar y pryd)? Wel, beth am fynd yna tra'i fod o'n fyw ar yr awyr, ac wrth iddo fo chwarae "Taro Tarw Tommo" ewn ni at y drws efo tarw go iawn! Dwi ddim yn jocian, sdi, sortia i'r *horsebox* – a'r *liability* os ddeith yr heddlu. Wedyn byddi di'n ffrynt pêj. Mae isio meddwl yn fawr, dim ff****n o gwmpas!'

Nid pawb sy'n denu pobol fel Dai Dole i gigs, gyda'i fag bara Kingsmill llawn gwellt a'i ffôn symudol o 1990!

Sai'n meddwl ei fod e'n jocan chwaith. Dwi'n hoffi Bryn ers hynny am ei fod yn gallu meddwl y tu allan i'r bocs. Dwi wedi perfformio gyda Meinir Gwilym sawl gwaith a chwarae teg, mae Bryn pob tro'n cynnig cyngor neu help ar sut i geisio symud ymlaen yn y byd cerddoriaeth, pethau fel 'Ti'n gwybod lle ydw i os wyt ti isio torri Iwerddon' a 'Paid â boddran efo rheolwr nes ti'n troi drosodd 10k' ayb!

Dwi'n cofio cael lasagne gyda Dafydd, Meinir a Bryn, a iogwrt i ddilyn. Dyma i chi wledd i sêr Cymru mewn ffreutur ysgol Gynradd wrth ymyl y ganolfan hamdden! Yn ystod y pryd bwyd, rhannodd Dafydd y gyfrinach ei fod ychydig bach yn nerfus cyn perfformio o hyd, a bod hynny'n cadw'r pen yn y lle iawn cyn y sioe. Dywedodd ei fod hefyd yn edrych ymlaen at glywed fy nghân ar y noson. Dim pwysau felly!

Dwi'n dal i dynnu coes cynulleidfaoedd sydd ddim yn symud na gwenu yn ystod perfformiad. Sgwn i oes rhywun arall wedi cael y profiad hwn yng Nghymru? Ond wrth i'r band chwarae alaw'r gân 'Edrych am Gymraes', mae'n rhaid i mi ddweud i'r dorf ddechrau clapio dwylo a gwenu, (gydag ychydig bach o anogaeth). Dechrau da i unrhyw berfformiwr, ond bydda i'n aml yn tynnu sylw rai cynulleidfaoedd Cymreig traddodiadol sy'n eistedd yn llonydd iawn, heb wên ar eu hwynebau trwy'r sioe, ond yna sy'n canu clod ar y diwedd ac yn fwy na pharod i brynu CDs a phob math o nwyddau eraill! Rhyfedd iawn ond fel'na mae hi weithiau.

Ar gael ym mhob maint!

Rownd yr horn gyda Donald Trump

Daeth cyfle i ymuno â gwasanaeth arbrofol ar-lein BBC Radio Cymru MWY yn 2015 ac fe arweiniodd hynny at gyflwyno cyfres fyr o raglenni ar y gwasanaeth FM/DAB cenedlaethol (y gwasanaeth *full fat*) o stiwdios Bangor gyda dyn o'r enw Irfon Jones, sydd hefyd yn cynhyrchu rhai o raglenni hynod boblogaidd John ac Alun, felly ro'n i mewn dwylo diogel (i fod). Mewn stiwdio â mwy o fotymau na llong ofod NASA, mae'n rhaid cofio na allwch

Cyn i Bryan gael y sac o Radio Cymru! (Eu colled nhw yn bendant).

chi stopio rhywun fel fi rhag 'potsian' gyda pheiriannau drud a chymhleth. Fe laniodd un o'r sioeau hyn ar ddiwrnod urddo neb llai na Mr Donald Trump yn Washington, ac wrth wrando ar y bwletin newyddion ble roedd y darlledydd yn cadarnhau bod Trump wedi ei urddo yn swyddogol fel arlywydd America dyma fi'n gwasgu un o'r effeithiau sain heb sylweddoli ein bod yn fyw ar yr awyr! Eiliadau ar ôl y datganiad, ac yn ystod clip sain o Trump yn annerch y dorf, dyma sŵn *air horn* a'r *volume* lan i ddeg yn blastio allan i'r genedl! Siŵr bod sawl un wedi neidio mas o'u crwyn gan feddwl bod llong ofod 'di glanio yn yr ardd!

Eiliadau cyn chwarae'r *air horn* yn uchel dros y newyddion bod Donald Trump wedi cael ei urddo yn arlywydd America, a finnau heb sylweddoli ein bod yn fyw ar yr awyr!

Hansh o adloniant 18+

Os ydych chi'n gwylio rhaglenni hwyr y nos ar S4C, fel rhaglen gylchgrawn *Y Lle*, mae'n bosib y byddwch chi wedi gweld rhai o fy anturiaethau ar eitem o'r enw *Van a Lawr*. Mae'r rhai sy'n cytuno i gymryd rhan yn gorfod cyflawni cyfres o heriau a hynny wrth deithio o un lle i'r llall (digon tebyg i heriau rhaglen foduro *Top Gear* ond gyda byjet lot llai). Mewn un rhaglen aethon ni o John O'Groats i Land's End, ac mewn un arall o Stockholm i Abertawe ar ras gyda thîm oedd yn teithio o Croatia i'r un safle yn Abertawe. Roedd lot o sugno diesel a gorfod gwneud pob math o heriau er mwyn ennill bwyd a llety am y noson, rhai pethau'n hwyl a rhai yn dod â ni'n agos at dreulio noson mewn cell!

Un o uchabwyntiau'r gyfres (neu isafbwynt i mi efallai)

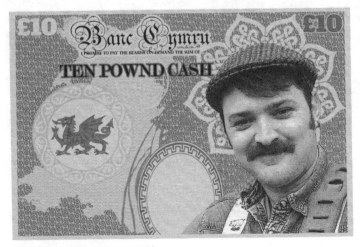

Pe bawn i'n arlywydd Cymru rydd...

60

oedd troi fy ffêr ar ôl disgyn oddi ar y fan yng ngogledd yr Almaen. Ond fel y dywed yr hen ddywediad 'the show must go on'. Roedd yn rhaid ffilmio popeth, gan gynnwys ymweliad ag ysbyty mewn ardal oedd ddim yn boblogaidd iawn gyda thwristiaid. Prin oedd y bobol oedd yn siarad unrhyw iaith ar wahân i Almaeneg ond er gwaetha'r gwahaniaethau ieithyddol roedd yn rhaid ceisio egluro pam roedd gennym ni gamerâu!

Ces bâr o faglau a dwi'n cofio'r doctor yn gofyn pa iaith o'n i'n ei siarad gyda Gwion, y dyn camera:

'It's Welsh.'

'What?'

'Wales, it's the language of Wales.'

'Oh, Wales. I have never ever heard anyone speaking that language before. Very nice.'

'Danke!'

A dyna ni yn llysgenhadon i'r iaith!

Yn ddiweddarach, fe benderfynodd S4C symud eu rhaglenni i bobol ifanc ar-lein. Mae cynnwys *Hansh* (wedi ei anelu at rai 18–25 neu rywbeth tebyg, ond cofiwch, dim ond rhif yw oedran!) ac mae eitemau newydd o bob math yn cael

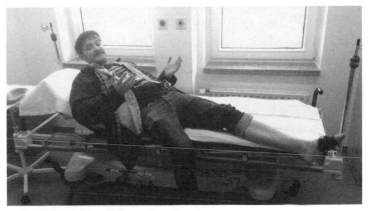

Derbyn triniaeth gan ddoctoriaid yn yr Almaen a cheisio egluro beth ar y ddaear o'n i'n ei wneud yn ffilmio'r cyfan ar yr un pryd!

eu llwytho ar Facebook a Twitter bob dydd, ac yn cael eu dangos ar y teledu weithiau hefyd.

Yn sgil hynny, fe ddaeth cyfle i gyfansoddi deuawdau gyda bachan o'r enw Hywel Pitts o Lanberis. I chi gael syniad o steil a hiwmor y gŵr hwn, un o'i ganeuon mwyaf poblogaidd yw 'Dogio yn Dinas Dinlle'! Bellach ry'n ni wedi rhannu llwyfannau ar draws Cymru ond dyw ei ganeuon ddim yn addas i blant. Wrth gigio gyda'n gilydd mae Hywel yn dechrau trwy rybuddio'r gynulleidfa yn ddigon clir nad yw ei ganeuon am buteiniaid Amsterdam, *cocaine* cefn llwyfan ym Maes B ac STIs yn y Sin Roc Gymraeg yn adloniant teuluol! Cofiwch, mae rhai o'i ganeuon mwyaf *risque* ymhlith y rhai mwyaf poblogaidd ac wedi helpu *Hansh* i gyrraedd dros 1 filiwn o *views* ar-lein. Dw i ddim yn amau bod 'Sin Roc Gymraeg' wedi mynd yn bellach na'r un fideo Cymraeg!*

* Nid ffaith yw hon!

Sin Roc Gymraeg
Hywel Pitts a'r Welsh Whisperer neu, Hywelsh (2017)

Bywyd grêt yn teithio Cymru pob haf,
Canu caneuon shit i stafelloedd gwag.
Ambell gig heb *speakers* neu weithiau yn waeth,
Chaso £50 o dâl gan Gymdeithas yr Iaith.

Gigs mewn pabell, neu 'trailer' mewn maes parcio pyb,
Cystadlu gyda'r DJ tra'n trio chwarae tiwns yn y clyb.
Wastad cael raffl hanner awr yng nghanol y set,
Pawb eisiau 'Yma o Hyd' ond dwi'm yn gwneud *requests*.

O'n i rili eisiau bod yn rhan o'r sin roc Gymraeg
Nes i fi weld Dewi Pws yn cael cachiad mewn cae.
Breuddwydio am *headline slot* ar lwyfan Maes B
Ond mae gweld Dewi Pws yn sgwatio wedi newid fy myd.

Teithio'r wlad i ddiddanu'r Cymry Cymraeg,
Yr un gynulleidfa o Fangor i Abergwaun.
Gorfod tynnu lluniau ar gyfer y papurau bro,
Hanner y gynulleidfa angen *zimmerframe* i fynd am dro.

Yr hanner arall rhy ifanc, rhaid addasu fy set;
Tynnu allan y f*** a'r sh** a'r llinellau am *sex*.
Dim llwyfannau, canu wrth ymyl y bogs.
Y *groupies* i gyd yn *sloppy seconds* i Gwilym a'i glogs.

O'n i rili eisiau bod yn rhan o'r sin roc Gymraeg
Nes i fi weld *** *** yn ff***** fy ngwraig.
Breuddwydio am *headline slot* ar lwyfan Maes B
Ond mae gweld *** *** yn bangio wedi newid fy myd!

(Adran gyfreithiol S4C yn mynnu bod * yn cael eu defnyddio
neu fydda'i yn y jêl – go iawn y tro 'ma).

Gyda chyffro gigs 2016 a rhyddhau'r albwm 'Y Dyn o
Gwmfelin Mynach' roedd angen sicrhau fod y momentwm
yn parhau. Eisteddais i lawr gyda Richard, Wyn a Lee o
recordiau Fflach ac fe benderfynwyd bod yn rhaid rhyddhau
albwm newydd yn syth ar ôl y llall! Aethon ni yn syth mewn
i'r stiwdio gyda band llawn dros haf 2017 a recordio'r
caneuon a fyddai'n rhan o'r albwm 'Dyn y Diesel Coch'. Ro'n
i eisiau canolbwyntio ar sŵn canu gwlad y tro yma, felly
fe alwon ni un o'r goreuon i ymuno â gweddill yr hambon
band – Richard Howell o Ddinbych y Pysgod sydd wedi
teithio gwledydd y D.U. mewn bandiau canu gwlad ond
sydd bellach wedi 'ymddeol' i chwarae gitâr y *pedal steel*. Fel
sy'n gallu digwydd weithiau, mae yna bethau bach yn dal
y broses o ryddhau albwm yn ôl ac felly, ar ôl wythnosau
o botsian, newid, ailfeddwl, newid eto a throi'r sain lan ar

ambell ddarn, roedd yr
albwm yn barod a'r CDs
yn fy nwylo. Wna'i fyth
anghofio'r noson gyntaf
roedd y CDs ar gael

Ffaith i chi: mae mwy nag un person
wedi tipio ceir (heb gael anaf) wrth
wrando ar y gân hon yn rhy uchel!

Dyddiad rhyddau · Tachwedd 14, 2017 ar gyfer y CD a Ionawr 15, 2018 yn ddigidol
Labeli · Tarw Du & Fflach
Cyhoeddwyr · Cyhoeddiadau Tarw Du & Mwldan
Fformat · Ar CD ag ar gael yn yr holl siopau Cymraeg ag yn ddigidol o'r holl siopau arlein

Linc Drop Box i'r wasg a'r cyfryngau ar gyfer y albym ar WAV a MP3
cliciwch yma neu plis cysylltwch i gael y linc
Linc ar gyfer lluniau safon uchel i'r wasg a'r cyfryngau
cliciwch yma neu plis cysylltwch i gael y linc
Cysylltu · info@fflach.co.uk · post@tarwdu.com · welshwhisperer@live.com

Release date · November 14th 2017 for CD and January 15th 2018 for digital release
Labels · Tarw Du & Fflach
Publishers · Cyhoeddiadau Tarw Du & Mwldan
Format · Available on CD from all Welsh language shops and in all digital online shops

Drop Box link for press and media on WAV & MP3
click here or please contact us to get the link
Link to high resolution photographs and graphics for press & media
click here or please contact us to get the link
Contact · info@fflach.co.uk · post@tarwdu.com · welshwhisperer@live.com

Allan nawr!
ALBYM NEWYDD SBON
Welsh Whisperer
Dyn y Diesel Coch

Yn dilyn llwyddiant ei albym dwethaf a chaneuon fel 'Loris Mansel Davies' a 'Ni'n Beilo Nawr' mae'r dyn o Gwmfelin Mynach yn ôl gyda albwm 10 trac newydd sbon llawn canu gwlad, gwerin a hiwmor unigryw. Mae'r crwner o Sir Gâr ar dân am glap a chân yn fwy nac erioed ac unwaith eto mae rhai o gerddorion gorau canu gwlad Cymru ac Iwerddon wedi dod ynghyd i recordio ei albym newyddd 'Dyn y Diesel Coch'.

Mi fydd y Welsh Whisperer yn brysur yn gigio yn y misoedd sydd i ddod fel mae wedi bod dros Gymru ben baladr drwy gydol y flwyddyn, o'r Sioe Frenhinol i'r Sesiwn Fawr, o Sioe Gorsgoch i Sgubor Pencarreg. Hyn yn ogystal ag ymddangosiadau disglair ar deledu a radio.

Dyma'r drydedd albym i'r Welsh Whisperer ei rhyddhau, a'i ail ar y cyd rhwng y labeli Tarw Du a Fflach. Mae'r albym ar gael ar CD yn eich siopau lleol nawr ag arlein o'r holl siopau digidol ar draws y byd. Cewch hefyd wybod mwy am y Welsh Whisperer, clywed ei ganeuon a gwylio ei fideos drwy fynd i www.welshwhisperer.cymru

TARW DU ☛
www.tarwdu.com
Fflach
www.fflach.co.uk

Out now!
NEW
Welsh Whisperer
Dyn y Diesel Coch album

Following the success of his previous album and songs such as 'Loris Mansel Davies' and 'Ni'n Beilo Nawr', the man from Cwmfelin Mynach is back with a brand new 10 track album featuring a unique blend of country, folk and fresh humour.

The Carmarthenshire crooner is back on another horse with fresh legs and some of the best musicians from Wales and Ireland have once again come together to help record his new album 'Dyn y Diesel Coch' (Red Diesel Man). The Welsh Whisperer will be busy gigging in the coming months as he has been all over Wales and beyond throughout the year, from the Royal Welsh Show to the London Welsh Centre, and in pubs, clubs, halls and farm barns all over the land. This alongside glittering appearances on television and radio.

This is the third album released by the Welsh Whisperer and the second to be co-produced and co-released by the Tarw Du and Fflach labels. The album is available to buy on CD at your local Welsh shop and online from all digital shops around the world. You can also find out more about the Welsh Whisperer, hear his songs and watch his videos by visiting www.welshwhisperer.cymru

ECSTRA! ECSTRA! Datganiad i'r wasg i ddatgan bod 'Dyn y Diesel Coch' wedi cyrraedd.

Diddanu torfeydd
digon gwyllt yng
Ngŵyl Crug Mawr
ger Aberteifi.

Beth yw'r geiriau
Cymraeg am
moustache mania?

i'w prynu mewn gig (ble gwell na Neuadd Pantyfedwen, Pontrhydfendigaid yng Ngheredigion?). Noson dân gwyllt oedd hi ac ro'n nhw'n dathlu dengmlwyddiant y carnifal. Roedd hi'n argoeli i fod yn noson dda o'r dechrau. Mae trefnwyr nosweithiau ar draws y wlad yn haeddu clod am eu gwaith ac mae criw'r Bont yn eu plith. Llwyddwyd i werthu bron i 300 o docynnau o flaen llaw ar gyfer y noson yng nghwmni'r Welsh Whisperer (ie, y bachan o Gwmfelin Mynach!) Bydden i'n hoffi dweud bod tipyn o wres i'r tân gwyllt ond fydden i ddim yn gwybod. Welais i ddim un sbarcler, achos roedd y ciw i brynu'r CD newydd, a nwyddau eraill, wedi mynd mas o gontrôl!

Ar y noson hon yn neuadd Pontrhydfendigaid yn 2017 y chwalwyd record cwmni Fflach am y gwerthiant mwyaf ar gyfer CD mewn un noson!

Rhowch e fel hyn, ro'n i wedi bod yn stiwdio Fflach y bore hwnnw i gasglu bocs o 100 o CDs ac roedd yn rhaid i mi

Cynulleidfa wyllt yn mwynhau'r caneuon newydd ar fferm Penmaenau ger Llanelwedd.

ffonio Rich yn gloi hanner amser i ddweud y bydden i angen bocs arall!

Yn y gig hwn hefyd y cyfeiriodd mwy nag un plentyn at y CD fel DVD – dim ond ym Mhontrhydfendigaid!

Tua'r adeg yma yn 2017 y newidiodd y gynulleidfa o fod yn eithaf *vintage* (a diolch i chi gyd am fod yno o'r dechrau!), i fod yn griw cymysg oedd hefyd yn cynnwys oedolion ifanc oedd mas am gwpwl o beints – a wedyn daeth y plant yn eu degau a'u cannoedd!

Dw i wedi meddwl ers y dechrau bod angen anelu yn genedlaethol yn y jobyn yma, dim ceisio chwarae ambytu yn lleol yn unig ond anelu at ganu ym mhob pentref, tref a dinas ar draws y wlad, ac mae hynny'n rhywbeth dwi'n dal i weithio arno! Er fy mod i'n dod o'r de orllewin, a fy acen a fy hiwmor yn fwy tebygol o blesio pobol o'r ardaloedd hynny o bosib, dwi wedi mwynhau llawer o nosweithiau da dros Gymru gyfan.

Mae canu am beiriannau yn un o'r pethau mae sawl un yn mwynhau, yn enwedig rheini sydd yn gweithio ar beiriannau pob dydd. Hen jôc yw bod neb yn llenwi twll yn well na bois y JCB! Yn dibynnu ar le dwi'n canu hwn yn y wlad a faint o'r gloch ydi hi mae JCB yn gallu golygu jac codi baw neu jwmp cyn brecwast!

Diddanu pobol o bob oedran yn y Sioe Fawr, Llanelwedd, yn 2018.

Dim ond un ffordd o deithio wrth ffilmio fideo ar fferm.

Bois y JCB
Tarw Du/Fflach (2017)

Chi'n gwybod am y *diggers* sy'n tyllu dros y tir
Ond mae 'na beiriant arall rwy'n addo dweud y gwir.
Mae'n dod mewn shêd o felyn sy'n sefyll mas i ni,
Mae 'na wastad lot o sbort i gael 'da bois y JCB!

Dim problem ar y creigiau, mewn chwarel neu'n y cae
Yn shiffto pridd neu dywod rhydd â'r bwced yn llawn o glai.
Dim ots beth yw'r tywydd, os yw'n gynnes neu yn wlyb,
Does neb yn llenwi twll yn well 'na bois y JCB!

Dump height digon uchel a *dig depth* digon mawr,
Wrth eistedd ar y lledr rwy'n teimlo fel y cawr
Sy 'ma i gloddio tyllau neu llenwi mewn i chi,
Rwy'n barod nawr i ddympo 'da bois y JCB!

I fois y *mini diggers* a'r merched yn y gêm
Dwi'n codi'n het i chi i gyd a phawb sy'n codi stêm –
Hebddoch chi'n y wlad 'ma byddai prinder, dyna'r gwir,
Dim problem yn y mwd na'r baw 'da bois y JCB!

Edrych yn brysur ar fferm yng Ngerlan, Gwynedd.

Y Sion a Siân newydd?

Criw CFfI Abergwaun neu 'Bois y Stena Line' yng Nghasmael, Sir Benfro.

PABELL ROC

Y Tash sy'n 'ticlo'r ffansi'

Stiwdio Recordio
Fflach
Recording Studio

Yn yr *headlines* yng nghylchgrawn *Golwg* eto!

Cael hwyl yng Ngwlad Pwyl! Hoe fach o deithio Cymru.

Dywedodd y ddynes dweud ffortiwn bod dim angen i mi edrych ymhellach – fel hyn fydda i mewn 30 mlynedd!

Sheffield, Lloegr yn cael blas o'r Welsh Whisperer cynnar yn ystod set DJ.

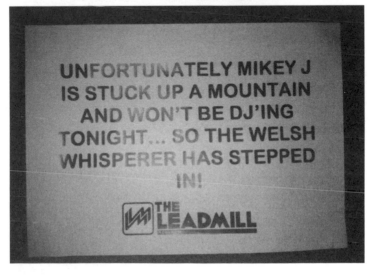

UNFORTUNATELY MIKEY J IS STUCK UP A MOUNTAIN AND WON'T BE DJ'ING TONIGHT… SO THE WELSH WHISPERER HAS STEPPED IN!

THE LEADMILL

Plant y wlad a'r *Pied Piper* Cymraeg!

Un peth sydd wedi dod allan o nunlle yw'r fyddin o blant sy'n ffyddlon i mi ac sy'n nagio eu rhieni i ddod i fy nosweithiau, ac yn gofyn i Siôn Corn am fy nwyddau yn yr hosan! Roedd e wedi fy nharo i reit ar y cychwyn bod yna ddiffyg nwyddau neu *merchandise* yn y byd cerddoriaeth Gymraeg yn gyffredinol. Ro'n i wedi gweld pobol fel Bryn Fôn a'r Band yn chwarae i neuaddau enfawr yn llawn ffans yn sgrechian pob gair, ond heb yr un stondin yn gwerthu CDs/crysau/posteri ac ati, pethau sydd mor amlwg mewn gigs mawr yn Lloegr (a'r sin Saesneg yng Nghymru). Dim beirniadu Bryn Fôn ydw i gyda llaw, mae'n siŵr ei fod wedi cael llond bola ar gartio CDs o gwmpas y wlad a bod y band yn hapus i'r siopau werthu nwyddau. I ddweud y gwir mae Bryn yn dipyn o arwr i mi a dwi'n edmygu'r ffordd mae e

wedi llwyddo i aros yn *top dog* mor hir yn fawr iawn.

Ond fuais i'n pendroni pam nad oedd hwdis Dafydd Iwan ar gael, neu gwpanau John ac Alun i gydfynd â'r *coasters*? Dwi'n gwybod bod yna bethau yn y gorffennol ond ble o'n nhw heddiw? Wedi'r cwbwl, mae pobol yn dal i ddod i weld y

Ydy hwn wedi mynd rhy bell?

bobol 'ma. Beth bynnag, roedd gen i gynlluniau pendant o'r cychwyn a'r peth cyntaf wnes i wrth ddechrau gigio oedd creu posteri ohona i'n pôsio o flaen y môr neu'n pwyso ar iet bren, a thrwy ryw ryfedd wyrth fe ddechreuodd pobol eu prynu nhw!

Bellach mae gwerthu nwyddau yn rhan arferol o bob ymddangosiad byw gan y Welsh Whisperer ac mae gen i CDs, crysau t, capiau, sticeri car, bathodynnau, magnets i'r oergell a llawer mwy – ac mae'r llyfr hwn yng nghanol y cwbwl nawr wrth gwrs! Dywedodd Geraint o siop Awen Teifi yn Aberteifi, Ceredigion, bod angen 'symud yn gloi' wrth werthu nwyddau fel hyn a hynny tra bod gan bobol ddiddordeb. Fe ddisgrifiodd Richard Fflach Geraint Awen Teifi fel 'good sales barometer', felly doedd dim angen i mi cael cyngor gan neb arall!

Fydden i ddim yn dweud fy mod i'n rhywun sy'n anelu at y nod nesaf o hyd, ond dwi yn meddwl ei fod e'n bwysig

Y siop ar agor yn Llangrannog, Ceredigion.

73

i osod targedau bach jyst i gadw rhywun i fynd, ac un peth o'n i wirioneddol eisiau ei wneud oedd ymddangos ar *Pobol y Cwm*! Nawr 'te, mae sawl canwr Cymraeg wedi troi'n actor a sawl actor wedi troi'n ganwr neu gyflwynydd teledu, ond dwi wastad wedi bod yn fodlon fel fi fy hun (y Welsh Whisperer), ac felly o'n i'n gwybod mai'r unig ffyrdd fydden i'n cael slot ar gyfres fel *P.Y.C.* oedd naill ai trwy gael fy nghastio fel cymeriad yn chwarae fi fy hun, neu petai'r stori'n caniatáu ymddangosiad cameo e.e. gig yn y Deri Arms.

Ar ôl ychydig o fisoedd o ddweud yn gyhoeddus fan hyn a fan draw y bydden i wrth fy modd yn cael cameo ar *P.Y.C.* fe lwythais restr o bethau i'w gwneud ar Facebook a Twitter, ac ar y rhestr honno oedd 'Cameo ar *Pobol y Cwm*'. Fe ddigwyddais gyfarfod â Llŷr Morus, un o gyfarwyddwyr y rhaglen, yn Nhafarn y Black Boy, Caernarfon, a dyna pryd ddaeth y cwestiwn mawr, 'Petaen ni'n ffeindio cyfle yn y sgript fyddet ti'n awyddus i ymddangos?' 'Ie, glei!' Doedd dim eisiau gofyn dwywaith!

Er bod sawl un wedi gofyn i mi beth yw fy swydd 'go iawn', yn enwedig yn y dyddiau cynnar, (gan ddisgwyl i mi ateb fy mod i'n actor), does dim byd yn bellach o'r gwir! Sai erioed wedi bod â diddordeb mewn actio, drama, theatr nag unrhyw beth fel'na i ddweud y gwir. Ond roedd cameo ar *Pobol y Cwm* yn rhywbeth arall! Roedd y profiad o fynd lawr 'na am y diwrnod yn sbeshal. Do, ddysgais i eu bod nhw'n ffilmio *Casualty* ar yr un safle, sy'n esbonio pam oedd cymaint o bobol mewn *scrubs* gwyrdd wrth ymyl yr ambiwlans yna, a rhywun pwysig yn flin 'da fi pan gerddais i trwy'r drws anghywir! Dal i ddisgwyl gweld yr ymddangosiad fach yna ar y teledu!

Y peth rhyfeddaf am fod ar set deledu gyda llwyth o actorion, a tithau'n deall dim byd am actio, yw delio gyda'r ffordd maen nhw'n newid eu personoliaethau o'r byd go iawn i fod 'yn eu cymeriadau nhw'. Un funud mae rhywun yn gofyn sut mae'r gigs yn mynd a sut mae'r ci bach a'r funud nesaf – ac yng nghanol brawddeg weithiau – maen nhw'n ymarfer eu leins. Ac os nag ydych chi'n gyfarwydd â'u leins nhw, wel, sdim byd yn gwneud sens. Felly, sori pawb ar *P.Y.C.* os o'n i'n edrych arnoch chi'n od (wedi meddwl, fydd neb o *P.Y.C.* yn darllen hwn, rhy brysur yn dysgu eu leins!).

Roedd tua pump llinell 'da fi yn y bennod a gweithiais yn galed iawn (y noson gynt) i ddysgu pob un! Fel ddwedais i, does fawr o ddiddordeb 'da fi mewn actio ond roedd y cyfle i ymddangos ar raglen mor enwog â *Pobol y Cwm* yn gyfle rhy dda i'w wrthod! Fues i'n hongian o gwmpas tipyn tra oedd yr actorion go iawn yn ffilmio, ond 'na gyd o'n i'n gallu meddwl amdano oedd gwneud yn siŵr 'mod i'n cofio'r geiriau i 'Ni'n Beilo Nawr'. O'n i'n cynnal noson yn y Deri Arms, fel gwestai i gymeriad enwog Colin (Jonathan Nefydd). Chwarae teg iddo am edrych bant ar ôl tynnu wyneb gwirion, neu fe fydden i wedi chwerthin dros y lle i gyd a gorfod diodde

clywed rhywun pwysig yn gweiddi 'CUT'! Fe ddefnyddiodd gweddill y cast eu sgiliau actio gorau wrth esgus eu bod nhw'n mwynhau 'Ni'n Beilo Nawr' a'r 'A470 Blues', ac wedi i Gwyneth gael sôcad gan beint o G&T yn uchafbwynt mawr y ddrama bant â fi am adref i roi tic mawr ar y rhestr!

Colin o *Pobol y Cwm* yn *starstruck*!

Roedd e braidd yn od gweld fy hun ar y teledu mewn cyd-destun fel'na, er i mi fod ar y bocs sawl gwaith fel y Welsh Whisperer. Roedd hyn yn wahanol achos o'n i ynghanol pobol oedd yn esgus bod yn rhywun arall! Dwi wedi clywed sawl un yn dweud eu bod nhw wedi mwynhau fy stint fach i, ond geiriau'r actor Dyfan Aled Rees, sy'n chwarae cymeriad Iolo, sy'n aros yn y cof. Wrth dynnu coes am ddod 'nôl ar y rhaglen fe ddywedodd e gyda gwên, 'Paid â ffonio ni... wnewn ni ffonio ti!'

Byddai'n meddwl weithiau, beth nesaf? Pa mor bell alla i fynd? A fel arfer mae'r ffôn yn canu wedyn ac mae rhywbeth arall yn y dyddiadur! Tra bod yr olwyn yn troi, fe gadwa i'r cart ar y rhewl!

Mae e wedi croesi fy meddwl y byddai e'n beth da i ennill coron neu gadair yr Eisteddfod Gen, ond mae'n rhaid i hyd yn oed fi gydnabod y byddai hynny yn dipyn o her i foi sy'n gyfrifol am linellau tebyg i hyn:

'Crwydro dros y Sir o Amlwch i Mona yn y car to agored fel Tony ac Aloma,
Bicinis a Speedos ar werth ym mhob *shack*,
Sdim rheolau ar yr ynys lle mae popeth yn slac!'

Pan mae angen llonydd ar ôl diwrnod caled o waith ac o bostio *memes* ar Instagram.
Llun: Charlie Britton

Gan 'mod i'n sôn am dargedau personol, co'r rhestr. Ie, glei:

- [x] Perfformio yn y Babell Lên
- [x] Canu 'Loris Mansel Davies' mewn capel
- [x] Cyflwyno eitem deledu a theithio tafarndai Cymru yn blasu cwrw
- [x] Clywed cannoedd yn bloeddio 'Ni'n Beilo Nawr' yn sioeau'r wlad
- [ ] Ennill Cadair neu Goron yr Eisteddfod Genedlaethol
- [ ] Rhaglen deledu fy hun
- [ ] Perfformio ym mhob pentref yng Nghymru
- [ ] Rhaglen radio barhaol fy hun
- [ ] Bod yn Arlywydd Cymru Rydd
- [ ] Gwerthu mwy o albyms nag unrhyw Gymro arall erioed
- [ ] Cyrraedd gig ar gefn anifail byw
- [ ] Gwerthu mwy o lyfrau nag unrhyw ganwr o Gwmfelin Mynach
- [ ] Ennill cytundeb hysbysebu gyda Mansel Davies

Potsian gyda'r parots wrth ffilmio fideo i rwydwaith *Made In TV* yn Ynys Môn.

Diweddglo ond nid y diwedd (gobeithio)

A dyna ni hyd heddiw, mae'r injan yn dal i redeg ac mae mwy o albyms ar y ffordd, mwy o ymddangosiadau teledu yn cyflwyno 'tafarn yr wythnos' ar *Heno* (job dda!) a phwy a ŵyr? Rhaglen deledu i blant? Rhaglen radio arall? Fydda i'n cadw'n fflat i'r mat a gweld beth sy'n digwydd!

Efallai rhyw ddydd bydda i'n edrych 'nôl ar hyn i gyd o lety *deluxe* yn y Bahamas, ond dwi'n fwy tebygol o fod mewn bwthyn ochre Benllech neu Bwlch-y-groes ddweden i. Sai'n meddwl bod eisiau poeni gormod am y dyfodol os yw hynny'n mynd i roi rhywun o dan straen, dim ond mwynhau heddiw a gwneud yn siŵr bod digon o laeth yn y ffrij!

Yn y busnes adloniant mae yna lot o bobol yn gofyn cwestiynau am y dyfodol iddyn nhw eu hunain, fel 'Beth nesaf? Ble ydw i'n mynd ar ôl hyn?' Efallai bod yna rywun yn darllen hyn ac yn poeni am eu dyfodol. Wel, mae yna hen ddywediad y bydda i'n ei ddefnyddio yn aml yn y sefyllfa hon sef, 'Anelwch am Hollywood ond cofiwch, sdim byd yn bod ar Holyhead!'

Rhywbeth dwi'n falch iawn ohono yw clywed pobol yn dweud bod y neuadd bentref 'heb fod mor lawn ers John ac Alun yn 1992', neu bod tafarn gefn gwlad wedi gwneud elw da am y tro cyntaf ers misoedd neu flynyddoedd ar ôl noson lwyddiannus yn fy nghwmni. Byddai'n bendant yn parhau i fynd i ganu mewn llefydd ble does dim llawer o neb arall yn mynd iddyn nhw, a hynny er mwyn diddanu cymunedau cefn gwlad Cymru. Ac os na fydd unrhyw un arall yn dechrau creu cerddoriaeth canu gwlad werinol yn benodol ar gyfer ni'r Cymry, wel, bydd rhaid i mi gario 'mlaen tan fy mod i'n rhy hen i deithio'r wlad.

Dwi'n gobeithio'n fawr eich bod chi wedi mwynhau darllen am fy helyntion ac mae rhaid dweud, os ydych chi wedi cyrraedd y dudalen hon, a dyw'r llyfr ddim ar waelod rhyw focs (neu waeth), chi'n haeddu medal! Bydden i wedi hoffi sgrifennu mwy ac efallai rhyddau *hard back* ond fel mae'r Sais yn ei ddweud 'budget yw budget'! Dwi'n mynd i wario'r holl arian gwerthiant ar agor bar carioci yn rhywle fel Benidorm er mwyn blastio caneuon Dafydd Iwan, Hogia'r Wyddfa a rhai fi fy hunan (siŵr o fod), gan obeithio alla'i demtio rhyw rai trwy'r drws. Ac os nad yw pethau'n gweithio allan yn Benidorm, wel 'neith Boncath y tro!

Wela i chi ar y rhewl!
Llun: Charlie Britton

Am restr gyflawn o lyfrau'r Lolfa, mynnwch
gopi am ddim o'n catalog
neu hwyliwch i mewn i'n gwefan

www.ylolfa.com

lle gallwch archebu llyfrau ar-lein.

*y***L**olfa

TALYBONT CEREDIGION CYMRU SY24 5HE
ebost ylolfa@ylolfa.com
gwefan www.ylolfa.com
ffôn 01970 832 304
ffacs 832 782

Argraffwyd gan Y Lolfa
Holwch am bris